Jean Macé

et

l'Instruction Obligatoire

LES GRANDS ÉDUCATEURS

Viennent de paraître :

J.-J. Rousseau, *et l'Éducation de la nature*, par Gabriel Compayré, Correspondant de l'Institut, Recteur de l'Académie de Lyon. 1 vol. in-18 raisin, broché......... » 90

Herbert Spencer, *et l'Éducation scientifique*, par Gabriel Compayré. 1 vol. in-18 raisin, broché..... » 90

Pestalozzi, *et l'Éducation élémentaire*, par Gabriel Compayré. 1 vol. in-18 raisin, broché.............. » 90

Jean Macé, *et l'Instruction obligatoire*, par Gabriel Compayré. 1 vol. in-18 raisin, broché.............. » 90

Pour paraître prochainement :

Félix Pécaut, par Gabriel Compayré. 1 vol. in-18 raisin, broché... » 90

Condorcet, par F. Vial, ancien élève de l'École normale supérieure, agrégé des Lettres, professeur au Lycée Lakanal et à l'École normale supérieure de Saint-Cloud. 1 vol. in-18 raisin, broché................. .... » 90

Rollin, par G. Ferté, agrégé des Lettres, proviseur du Lycée d'Amiens. 1 vol. in-18 raisin, broché........ » 90

Herbart, par Gabriel Compayré. 1 vol. in-18 raisin, broché... » 90

(D'autres volumes sont en préparation.)

5397-02. — Corbeil. Imprimerie Éd. Crété.

LES GRANDS ÉDUCATEURS

Jean Macé

et

l'Instruction Obligatoire

PAR

GABRIEL COMPAYRÉ

CORRESPONDANT DE L'INSTITUT
ECTEUR DE L'ACADÉMIE DE LYON

PARIS

LIBRAIRIE PAUL DELAPLANE

48, RUE MONSIEUR-LE-PRINCE, 48

AVANT-PROPOS

Il y a bien des manières d'être un éducateur. Tel a mérité ce beau nom, pour avoir consacré toute sa vie à la pratique de l'enseignement. Tel autre, pour avoir philosophé, disserté théoriquement, sur le but ou sur les méthodes de l'éducation. Mais ce titre ne doit pas être refusé non plus à ceux qui, hommes d'action et de propagande avant tout, ont servi et fait avancer la cause de l'instruction, en soulevant l'opinion publique, en créant des sociétés d'enseignement, en allumant des foyers de lumière.

Jean Macé est de ces derniers. Il a été l'initiateur, hardi autant que tenace, du mouvement d'opinion qui, dans les dernières années du second Empire et sous la troisième République, a préparé et rendu possible l'établissement légal de l'obligation scolaire, de la gratuité et de la laïcité. A ce point de vue, Macé nous apparaît, à distance, moins comme un individu que comme un être collectif, si je puis dire; comme le représentant de toute une légion d'hommes, éclairés et dévoués, qu'il a su grouper autour du même drapeau, celui de la Ligue de l'enseignement; comme un chef d'armée, l'armée pacifique du progrès et de l'éducation populaire, qu'il a organisée et conduite à la victoire.

L'action qu'il a exercée sur les destinées de l'enseignement primaire a été féconde et décisive, et de tous ceux qui, depuis trente ans, ont travaillé à édifier l'école moderne, l'école de la liberté, il n'en est pas un qui ne lui ait rendu hommage. Jules Ferry ne cachait pas qu'il s'inspirait de lui; et le Ministre de l'Instruction publique de 1881, quand il arrachait au Parlement la loi de l'obligation scolaire, ne pouvait méconnaître ce qu'il devait à l'initiative courageuse, aux efforts prolongés d'un simple citoyen. Dès 1866, Jean Macé avait ouvert la voie aux idées qui triomphaient. Le vœu d'un seul homme était devenu la volonté du gouvernement. Le programme de Jean Macé était imposé au pays comme loi nationale. Dans la séance solennelle de l'inauguration de la Ligue, le 21 avril 1881, Gambetta, de sa voix éloquente, lui criait : « Monsieur Macé, vous avez bien mérité de la patrie !.. » Le 6 août 1882, à la fête des bibliothèques libres de la Seine, Paul Bert célébrait et glorifiait l'inspirateur « de la grande association qui a tant travaillé sous l'Empire, et à laquelle, disait-il, nous devons pour la plus grande part le beau mouvement d'opinion qui nous a permis de doter notre pays de l'instruction gratuite, obligatoire et laïque ». Challemel-Lacour, dans l'hommage ému que, comme président du Sénat, le 15 décembre 1894, il adressait à la mémoire du sénateur Jean Macé, disait de la Ligue créée par lui « qu'elle avait entraîné le gouvernement et les pouvoirs publics, exercé une action réelle sur la politique intérieure, et enfin eu sa part dans la conception de plusieurs lois d'une grande portée ». Combien d'autres témoignages ne pourrait-on pas recueillir, qui montrent en quelle haute estime il faut tenir l'homme énergique qui, avec une infatigable activité, au milieu de tant d'obstacles, a conçu, dirigé et fait aboutir en France un mouvement scolaire, dont Spuller disait en 1883, au congrès de Reims, que depuis la Révolution française, rien ne s'est fait de mieux dans notre pays, aucune entreprise aussi considérable n'a été tentée en faveur de l'instruction populaire ?

Ce serait pourtant faire tort à Jean Macé que voir seulement en lui l'organisateur de la plus grande de nos associations d'éducation. Si la voix évocatrice, venue du petit village de Beblenheim, a été entendue de toute la France, si elle a provoqué tant d'adhésions généreuses ; si plus tard, dans son bureau de directeur de la Ligue de l'enseignement,

Jean Macé s'est constitué le professeur du peuple, il ne faut pas oublier qu'il a aussi occupé une chaire de professeur, en titre, et que pendant plus de quarante ans, au pensionnat de demoiselles du Petit-Château, à Beblenheim d'abord, ensuite à Monthiers, il ne s'est pas laissé distraire de sa tâche professionnelle. Il a écrit des ouvrages d'éducation qui ont acquis une renommée universelle. Il a eu ses procédés, ses méthodes propres d'enseignement. Il a donc été un pédagogue dans tous les sens du mot... Et devenu sénateur inamovible, président inamovible aussi de la Ligue, il aimait à rappeler les souvenirs de sa longue et modeste carrière de professeur. Aux instituteurs qui l'écoutaient, dans les congrès annuels de la Ligue, il disait : « Quand j'étais petit instituteur comme vous... »

Jean Macé a donc tous les droits à figurer dans cette galerie des éducateurs modernes, sinon au premier rang, du moins en bonne place. L'histoire enregistrera son nom à côté de ceux des hommes politiques qui, s'emparant de ses idées, les ont inscrites dans des lois désormais intangibles. La reconnaissance publique lui a élevé un monument à Paris, le 13 juillet 1900 ; elle a perpétué ainsi son souvenir par une image matérielle. Nous avons voulu dans cette étude reproduire sa physionomie morale, et contribuer, pour notre part, à faire vivre dans la mémoire des hommes la noble figure de ce bienfaiteur du peuple.

JEAN MACÉ

I

« Je suis un enfant du peuple », disait Jean Macé à la tribune du Sénat, en 1886. Il était en effet le fils d'humbles ouvriers parisiens. Son père, un simple roulier, conduisait des camions sur la route de Paris à Bordeaux ; et de même que Socrate, faisant allusion à la profession de sa mère, se comparait à « un accoucheur d'esprits », de même Macé aimait à dire qu'il était « un camionneur d'idées », allant par les grands chemins, de ville en ville, colporter l'instruction.

De son origine plébéienne, Macé a gardé toute la vie un air de simplicité franche, et même des allures un peu rudes. Des premières impressions de son enfance, il lui est resté aussi une autre empreinte indélébile : une religiosité vague, mais sincère, que le progrès de son éducation scientifique n'a jamais complètement abolie. Sa mère, une ouvrière illettrée, était naïvement pieuse. Tout enfant, le futur fondateur de la Ligue de l'enseignement servait la messe à l'église Saint-Louis. Et ce n'est pas au collège Stanislas, où il fit ses études, que ses sentiments religieux auraient pu être contrariés. Stanislas était alors, comme aujourd'hui, ce

qu'on appelait « un collège particulier », avec des
professeurs laïques et une administration ecclé-
siastique. La foi chrétienne de Macé ne paraît pas
avoir été ébranlée avant la vingt-cinquième année.
Un fonds de croyances religieuses subsista toujours dans son âme ; et ce n'est pas tout à fait à
tort qu'on a pu dire que « l'esprit évangélique
l'avait inspiré jusqu'à sa mort ». Ce qui est certain
tout au moins, c'est qu'il n'a jamais cessé de pro-
fesser le déisme et la religion naturelle. A ceux
qui l'accusaient, bien à tort, de faire de la Ligue
de l'enseignement une école d'athéisme, il se con-
tentait de répondre, avec un fin sourire : « *Dieu
merci*, la Ligue ne mourra pas de cette accusation-
là ! »

Macé ne nous a pas raconté sa vie, comme l'ont
fait Pestalozzi et Rousseau. Homme d'action avant
tout, il n'a eu ni le temps, ni, dans sa modestie, la
prétention, d'écrire ses confessions ou son autobio-
graphie (1). Aussi ne savons-nous presque rien de
son enfance et de sa jeunesse. Un de ses amis les
plus intimes, M. Charles Mismer, nous écrit qu'il
n'aimait pas à parler de la première partie de sa
vie, « qui ne lui avait laissé que des souvenirs pé-
nibles » (2). Né à Paris le 22 avril 1815, il fut admis

(1) Dans l'*Introduction* du livre qu'il a publié en 1891, *Les origines
de la Ligue de l'enseignement*, il y a pourtant quelques pages de
souvenirs personnels, qu'il intitule lui-même « les confessions du
fondateur de la Ligue ».

(2) M. Charles Mismer, dont nous avons mis l'obligeance à
contribution pour nous éclairer sur quelques points obscurs de
la biographie de Macé, l'a connu de très près. Ils ont vécu ensemble
à Paris et partagé pendant dix ans le même logement. M. Mismer
est l'auteur de plusieurs ouvrages qui ont eu du succès, entre
autres : *Dix ans soldat*, 1889 ; *Souvenirs du monde musulman*, 1892.
M. Mismer a été directeur de la Mission égyptienne en France.

à Stanislas, comme boursier, vers 1826, et il s'y distingua par ses succès scolaires (1). C'est là qu'il eut pour professeur d'histoire un homme dont les ouvrages ont eu, en leur temps, un certain renom, Théodose Burette (2), qui prit son élève en grande affection; il lui chercha des emplois à la sortie du collège, et le racheta du service militaire pour faire de lui son secrétaire, depuis 1845 jusqu'à sa mort, survenue en 1847. C'est là aussi qu'il compta parmi ses camarades John Lemoinne, Lanel, Cézanne, Sainte-Claire Deville, toute une génération de futurs républicains, qui devaient faire honneur à l'éducation libérale de Stanislas; — et surtout un de ses meilleurs amis, Jules Hetzel, le littérateur, l'éditeur bien connu sous le pseudonyme de P. J. Stahl, avec lequel il devait trente ans plus tard, en 1864, fonder et diriger le *Magasin d'éducation et de récréation*, un des recueils qui ont le plus contribué à renouveler la littérature française de l'enfance et de la jeunesse.

Ce que devint Macé, au sortir du collège, de 1835 à 1842, on ne saurait le dire avec précision. Ce fut assurément une période de tâtonnements, de dispersion. Comme il l'a dit lui-même : « Je

(1) Voici le relevé des principaux succès qu'il obtint au Concours général, où Stanislas tenait alors un des premiers rangs; en 1832, dans la classe de troisième, le prix d'histoire naturelle et le premier prix de vers latins ; en 1833, dans la classe de rhétorique, le premier prix de discours français (nouveaux) ; en 1834, le premier accessit de discours français (vétérans); et le premier prix d'histoire ; enfin en 1835, le premier accessit de dissertation française, dans la classe de philosophie.

(2) Théodose Burette (1804-1847) acheva sa carrière de professeur au collège Henri IV. Il a publié, entre autres ouvrages, une *Histoire de la Révolution française, de l'Empire et de la Restauration*, en collaboration avec Ulysse Ladet, qui avait été le camarade de Macé au collège Stanislas.

jetai ma vie à tous les vents du ciel, ne prenant racine nulle part. » Ses biographes, notamment M. Vapereau, dans le *Dictionnaire des contemporains*, affirment qu'il fut successivement chargé de conférences d'histoire, à Stanislas, à Henri IV, et nommé répétiteur à Louis-le-Grand. Mais, malgré nos recherches, il nous a été impossible de vérifier l'exactitude de ces renseignements (1). Les bulletins universitaires du temps ne mentionnent Macé pour aucun de ces emplois. Nous avons bien trouvé un Macé, qui exerçait les fonctions de répétiteur au collège Rollin, de 1838 à 1840 : mais comme aucun prénom n'est indiqué, il n'est nullement certain que le répétiteur de Rollin fût bien notre Jean Macé (2).

Une seule chose est authentique (3), c'est que, en 1836, Macé figure dans l'*Almanach de l'Uni-*

(1) Les proviseurs actuels de ces établissements que j'ai consultés n'ont pu me renseigner ; « leurs archives ne remontent pas aussi haut », me disent-ils. En tout cas, si ces emplois ont été tenus par Macé, cela n'a été qu'à titre officieux, et sans nomination ministérielle.

(2) Cela est pourtant probable. Le directeur du collège Rollin m'écrit, il est vrai, qu'il n'y a rien dans les vieux papiers de la maison qui lui permette d'établir l'identité du répétiteur Macé ; mais il me fait savoir en même temps que, selon le témoignage d'un ancien professeur du collège, Jean Macé, — le nôtre, — entretenait des relations intimes avec le professeur Mialan, répétiteur à Rollin, lui aussi, vers 1840 ; ce qui autorise à supposer que Mialan et Macé avaient à la même époque rempli les mêmes fonctions. D'autre part, il faut noter que le nom de Macé disparaît, pour ne plus reparaître, des registres officiels et des cadres du répétitorat, précisément en 1840, peu de temps avant que Jean Macé commençât son service militaire.

(3) Ce que l'on sait aussi pertinemment, c'est que de 1842 à 1845, Jean Macé fit son service militaire à Rouen, au premier léger. Le futur général de la Ligue de l'enseignement y devint caporal... Les relations qu'il noua alors à Rouen furent probablement la cause qui le décida à chercher un refuge dans cette ville, lorsque, en 1849, il fut menacé d'être incarcéré pour ses opinions républicaines.

versité royale de France, comme régent de philosophie au collège d'Évreux. Mais ce régent de vingt
ans ne fut qu'un professeur sans chaire. Ses fonctions n'existèrent que sur le papier. En effet, pendant qu'il se mettait en mesure de rejoindre le
poste qui lui avait été assigné, le conseil général
de l'Eure supprimait le modeste traitement de la
chaire, ou du moins de 1 500 francs le réduisait à
500 francs. Macé jugea que c'était peu pour vivre,
même en province ; et il s'en revint à Paris, un
peu confus de sa mésaventure.

Il s'en est fallu pourtant de bien peu que le futur
professeur libre, le promoteur de l'enseignement
obligatoire, celui aussi qui, à Beblenheim et à Monthiers, devait, pendant plus de quarante ans, de 1852
à 1894, enseigner les lettres et les sciences dans un
pensionnat de demoiselles, ne fût attaché pour
toujours, par une décision ministérielle, au professorat d'État et à l'enseignement de la philosophie.
Toute sa destinée en eût été changée, sa vie transformée ; et c'est peut-être à la pénurie du budget
départemental de l'Eure que la France doit d'avoir
eu, au lieu d'un paisible et régulier professeur de
philosophie, absorbé, comme tant d'autres, par ses
devoirs professionnels et esclave de sa classe,
l'ardent apôtre de l'éducation populaire, le citoyen
qui, par sa libre initiative, a préparé dès l'Empire
les lois républicaines de l'enseignement primaire.

C'est à Cousin que Macé attribue l'initiative de
sa nomination à Évreux. « En 1835, dit-il, je m'en
allai à Évreux pour occuper une chaire de philosophie... » En fait, c'est le Ministre d'alors, c'est
Guizot qui l'avait nommé. Nous avons sous les yeux

copie de la lettre par laquelle Guizot faisait part au préfet de l'Eure de sa décision : « J'ai désigné pour remplacer M. Laporte, mis à la retraite pour cause d'infirmités, M. Macé, jeune homme qui a de l'instruction, et dont les mœurs, ainsi que le caractère, donnent toutes les garanties désirables... »

Macé avait donc d'excellents patrons. Ses succès au Concours général l'avaient probablement désigné à l'attention de Cousin, et celui-ci l'avait recommandé au choix de Guizot. Cousin était alors le grand-maître de l'enseignement philosophique, même quand il n'était pas Ministre. On sait dans quel esprit il le dirigeait, et, par conséquent, quels sentiments, quelle attitude il attendait des jeunes philosophes qui, comme Macé, obtenaient sa confiance. Une lettre inédite, qu'on va lire, et qui date du 26 juin 1843, le démontre en termes bien significatifs ; elle était adressée à Charles Zévort, le futur directeur de l'enseignement secondaire sous la troisième République, alors professsseur de philosophie au collège de Rennes, dans une classe de 120 élèves (1).

« Mon cher Zévort, je viens vous remercier de votre aimable et excellent article (un article qui avait paru dans un journal de Rennes). Loin d'en désapprouver certains passages, je vous loue pour ceux-là particulièrement. D'abord, c'est un principe pour nous que l'harmonie du christianisme et de la philosophie ; et puis, dans les circonstances où nous nous trouvons, il nous est de la plus grande

(1) Je dois la communication de cette intéresssante lettre à l'obligeance de mon éminent collègue et ami, M. Edgard Zévort, recteur de l'Académie de Caen.

importance de rassurer la partie raisonnable du clergé, et de la fortifier contre les insensés qui agitent et compromettent l'Église. Nos affaires vont mieux depuis que les Chambres se sont prononcées (1). Maintenons les avantages que nous avons obtenus par les mêmes moyens auxquels nous les devons, à savoir la modération et la vigilance sur nous-mêmes. Soyez donc très bien pour l'Évêque de Rennes, et conservez avec lui, vous, Riaux (2) et Martin (3), que je ne sépare pas, des rapports mesurés d'une bienveillance réciproque. Mille amitiés bien sincères. »

Et, en post-scriptum, Cousin qui venait précisément de publier une édition des œuvres philosophiques du P. André, ajoutait : « Lisez et faites lire les *Œuvres philosophiques* du P. André. C'est un breton dont il faut réhabiliter le nom en Bretagne. »

La vie de Macé ne s'éclaire qu'avec la Révolution de Février. En réalité, il date de 1848. Jusque-là, il avait tâtonné, hésité, « gaspillant, comme il le dit lui-même, les chances d'avenir universitaire ou littéraire que pouvaient lui promettre ses succès d'écolier », un peu aventureux et allant au hasard de droite et de gauche, poussé par je ne sais quel besoin d'activité physique et d'existence indépen-

(1) Allusion notamment aux débats qui eurent lieu à la **Chambre des pairs**, où Cousin défendit avec éclat la cause de l'Université et de la philosophie.

(2) Francis-Marie Riaux, professeur de philosophie à la Faculté des lettres de Rennes, de 1840 à 1846, a achevé sa carrière comme professeur de logique dans les lycés de Paris. Il est mort en 1883.

(3) Thomas-Henri Martin était, en 1843, professeur de littérature ancienne à la Faculté des lettres de Rennes. Il en est resté longtemps le doyen. Il a laissé de nombreux ouvrages d'érudition, mettant sa science au service de l'orthodoxie chrétienne. Il est mort en 1884.

dante au grand air. La Révolution va faire de lui
un autre homme. Ce fut, dit-il, une transformation.
Et il en trouve plaisamment la preuve dans ce petit
fait que son écriture avait changé elle-même de
caractère. Auparavant, elle était décousue comme
sa vie. Après 1848, au contraire, elle apparaît
ferme et régulière, comme lui-même était devenu
un homme de décision et de volonté ; et les grapho-
logues, en comparant ses lettres manuscrites des
deux époques, auraient beau jeu à y trouver
l'image fidèle des changements survenus dans les
dispositions morales de celui qui les a écrites.

Désormais va commencer pour lui, soit dans la
politique, soit dans le professorat, une vie d'action
continue, par la parole et par la plume, par les discours et par les livres.

C'est en 1848 que Macé prit conscience de sa foi
républicaine. Comme beaucoup de ses contemporains, il subit alors une véritable crise intellectuelle. « Le démon de la politique » avait mis enfin
la main sur lui. Il fut pris d'une sorte de fièvre
morale : il en sortit républicain pour la vie. « La
République, nous dit M. Mismer, était pour lui une
religion ». Il souffrait quand on l'attaquait. Il souffrait plus encore quand on lui démontrait qu'elle
avait commis des fautes : alors, sans vouloir les
avouer, il se taisait. « Je n'oublierai jamais, a-t-il
écrit, ce moment de ma vie, où les idées de patrie et
de justice se dressèrent pour la première fois de
toute leur hauteur devant moi, et entrèrent en
maîtresses dans mon âme qu'elles n'avaient fait
jusque-là qu'effleurer... »

Dès cette époque, à n'en pas douter, il conçut

l'idée dominatrice à laquelle il s'est dévoué jusqu'à son dernier souffle, l'idée de l'instruction obligatoire. « Au matin du 25 février 1848, lorsque j'aperçus le suffrage universel affiché sur les murs de Paris, j'eus froid dans le dos (1). Je ressentis un mélange de joie folle et de terreur secrète. » En une vision rapide, troublé par cette souveraineté populaire brusquement proclamée, il entrevoyait les premières et prochaines conséquences de l'héroïque imprudence des hommes de 1848, je veux dire la dictature à brève échéance, l'Empire consacré et, en apparence, légitimé par les suffrages de la nation souveraine. Il devinait, avec une clairvoyance politique dont il a donné maintes preuves, ce qu'on pouvait redouter d'un peuple encore ignorant, novice dans l'apprentissage de sa liberté naissante, qui était appelé à exercer ses droits politiques sans qu'une éducation appropriée lui eût appris à en user sagement. Macé s'est toujours défié du vote populaire, tant qu'il n'est pas suffisamment éclairé (2). Il est revenu vingt fois sur ce sujet (3). « Nous tenons le suffrage universel, disait-il dans les dernières années de l'Empire, ou

(1) En réalité, le suffrage universel ne fut proclamé que par le décret du 5 mars 1848.

(2) Pas autant pourtant qu'un des compagnons de sa vie finissante, M. Mismer, qui, dans une brochure intitulée : *La France souffre*, écrivait récemment : « La France mourra du suffrage universel... » Non, elle n'en mourra pas, si l'on écoute Macé et si l'on éclaire de plus en plus le suffrage universel.

(3) Voici encore quelques passages où il exprime ses appréhensions : « Le mieux est de s'arranger avec le suffrage universel, puisqu'on ne peut s'en débarrasser... Peut-être vaudrait-il mieux qu'il en fût autrement; je ne sais pas. Mais comme c'est impossible, ce n'est pas la peine d'en parler. » Notons d'ailleurs, à la décharge de Macé, que c'est sous l'Empire qu'il médisait du suffrage universel.

plutôt il nous tient... » Et encore : « Avant d'instituer le suffrage universel, il aurait fallu trente ans
d'instruction obligatoire, et c'est le contraire qui a
eu lieu. » Rousseau avait dit les mêmes choses dans
une formule générale : « Il faudrait que les hommes
fussent avant les lois ce qu'ils doivent devenir par
elles. » Mais cela est impossible ; et il était nécessaire que l'émancipation politique fût établie en
droit, afin que le peuple acquît peu à peu en fait
l'émancipation intellectuelle. Il fallait, en quelque
sorte, que la fonction créât insensiblement l'organe ;
et Macé a eu l'honneur d'être au premier rang
parmi les ouvriers de la démocratie qui se sont
efforcés, en instruisant le peuple, de faire concor-
der la capacité et le pouvoir, et qui ont voulu élever
la volonté générale à la hauteur de ses devoirs et de
ses droits.

Sans qu'il ait joué dans la Révolution de 1848
un rôle considérable, aussi important, par exemple,
que celui de son ami Hetzel, Macé y participa
pourtant avec l'activité d'un militant ardent et convaincu. Hetzel, lui, occupa diverses fonctions dans
le gouvernement provisoire, et, après le 2 décembre 1851, il fut exilé : Macé fut seulement menacé
de l'être. Il écrivait des articles de journaux, de
petits livres de propagande. Il assistait aux ban-
quets, où il croyait voir le commencement d'une
ère de fraternité, l'ébauche d'une religion nouvelle : « Je les aurais voulus, dit-il, avec le pain et
le vin seulement. Honni soit qui n'a jamais rêvé ! »

De novembre 1848 au 13 juin 1849, il dirigea,
« sous l'œil méfiant de la police, le bureau de la
Propagande socialiste ».

Alors, comme aujourd'hui, le mot de socialisme était bien vague et interprété dans des sens très divers. Celui de Macé n'avait rien d'inquiétant. Voici comment il le définit : « Il y avait de tout dans le socialisme de 1848. Le mien, frais émoulu, se rapprochait de la nuance phalanstérienne, à laquelle se rattachaient beaucoup de mes amis. Il n'avait rien de commun avec le farouche socialisme d'État d'aujourd'hui (ceci était écrit en 1889), l'école de Fourier basant toute sa théorie du progrès sur un groupement libre d'*activités personnelles* dans des associations indépendantes les unes des autres. » Au fond, ce socialisme n'était, si l'on nous permet de risquer ce mot, qu'un « associationisme » ; et Macé sera encore socialiste en ce sens, lorsque, en 1866, il jettera les bases de l'association qui est devenue la Ligue de l'enseignement (1).

Macé attesta ses opinions dans un certain nombre de brochures qui, aujourd'hui, paraîtraient bien inoffensives. Déjà, en janvier 1848, quelques jours avant la proclamation de la République, il avait publié sous le pseudonyme de Jean Moreau, dans la forme épistolaire qu'il affectionna toujours, comme plus familière et plus intime, les *Lettres d'un garde national à son voisin*. Il poussait l'audace de ce qu'il appelait son « radicalisme » jusqu'à demander l'extension du suffrage universel... à tous les gardes nationaux. En 1849, il fit paraître les *Vertus du Républicain*, les *Entretiens du père*

(1) La Ligue de l'enseignement ne sera en effet qu'un groupement d'activités personnelles dans des associations indépendantes les unes des autres.

Moreau, le *Petit catéchisme republicain*, « qui n'eurent, dit-il, aucun succès de vente : j'en fais l'aveu ». Du moins, il y montrait toute la candeur de son âme, et avec quelle élévation de sentiments il envisageait l'ordre de choses nouveau, plus soucieux de rappeler au peuple ses devoirs que de l'exciter dans la revendication de ses droits. Dans la naïveté de son enthousiasme, il écrivait : « Le vent qui passera sur la France se chargera d'emporter par delà les fleuves et les montagnes les germes fécondants, destinés à faire éclore les Républiques. Nous ferons la conquête du monde, sans sortir de chez nous, et si l'étranger reparaît dans nos murs, ce sera le myrte et l'olivier à la main, pour fêter en famille le salut de l'humanité... » Quand l'étranger reparut, vingt ans plus tard, ce fut, hélas! l'épée sanglante à la main, pour préparer le triomphe de la force sur le droit; et chassé par l'envahisseur de sa chère Alsace, où il s'était réfugié, depuis que l'avènement de l'Empire l'avait exilé de Paris, Macé dut méditer avec quelque amertume sur les rêves et sur les illusions de sa jeunesse.

C'est après la journée du 13 juin 1849, — la journée du Conservatoire des arts et métiers, — que Macé était devenu tout à fait un suspect. Il n'y avait pris cependant qu'une part bien innocente. Le récit qu'il en a fait mérite d'être rapporté : « Le rôle chaque jour plus actif que je jouais en enfant perdu m'avait mis insensiblement en évidence. Je fus élu membre du comité qui dressa la liste socialiste de Paris aux élections de juin 1849, et par les soins duquel s'organisa la manifestation du 13 juin contre cet odieux bombardement de Rome, dont les conséquences pèsent encore aujourd'hui sur la France. J'étais précisément un des trois commissaires chargés de régler 'ordre et la marche de la manifestation. On ne me fit pas, il est vrai, l'honneur de m'avertir qu'on l'avait doublée quelque part d'une résolution de prise d'armes. Je n'appris la marche de Ledru-Rollin sur le Conservatoire des arts et métiers qu'à l'instant même où Changarnier coupa, sur le boulevard des Capucines, l'inoffensive colonne des manifestants; et j'ai encore dans l'oreille le cri de colère que m'arracha cette tardive révélation...(1) »

La Révolution de 1848 avait fait de Macé un républicain militant : le coup d'État impérial en fit un professeur, un professeur libre dans un pensionnat de demoiselles. Certes il n'est point douteux qu'il avait la vocation de l'enseignement : « J'avais enfin trouvé ma voie, disait-il plus tard ; j'étais né pour être professeur de demoiselles. » Mais s'il l'est devenu à Beblenheim, au pensionnat du Petit-Château, et non ailleurs, s'il s'est établi dans ce petit village d'Alsace qui lui doit la gloire d'avoir été le berceau de la Ligue de l'enseignement, ce fut le hasard qui en décida. En 1850, il voyageait dans l'est de la France pour organiser la correspondance provinciale du journal *la République*. Les circonstances le conduisirent à Beblenheim, dans l'institution de jeunes filles qu'y dirigeait Mlle Vérenet. « Jour béni entre tous les jours de ma vie!... » Fatigué de sa course errante

____

(1) J. Macé, *Origines de la Ligue de l'enseignement*, p. 11.

de missionnaire de la république qui durait depuis plusieurs mois, heureux de n'avoir plus à
parler politique et de n'être plus « gibier de gen-
darme », il se sentit enveloppé d'une atmosphère
de paix et d'études. On l'accueillit avec faveur ; on
mit à l'épreuve sa science. Il fut prié de faire une
lecture ; puis il remplaça au pied levé, dans une
leçon de physique, l'unique professeur de la maison. Il eut du succès. « Le professeur de 1836,
enterré depuis si longtemps, ressuscita de lui-
même. » Bref, il laissa de son savoir une impression des plus favorables ; et lui-même, de cette
courte entrevue avec les élèves et les maitresses
d'une maison d'éducation, il emporta un agréable
souvenir qui décida de sa vie.

En effet, un an plus tard, lorsque Mlle Vérenet, qui était entrée en correspondance avec lui,
eut l'heureuse pensée de l'inviter à venir chez
elle recommencer sa classe d'un jour, et enseigner
l'histoire naturelle, Macé accepta l'offre avec joie.
Il venait précisément de se marier, et son union
avec une femme, digne de lui, mais sans fortune, lui avait appris le souci du lendemain.
« L'association de deux pauvretés, disait-il, est
chose périlleuse, mais souvent féconde, quand le
gagne-pain vous tremble dans la main. » Il ne
fallait plus songer à la politique : le factionnaire
qui lui barra la porte de son journal, dans la
matinée du 2 décembre, le lui avait fait comprendre. « Quand arriva le coup de vent de décembre, je fus, dit-il, au nombre des feuilles qu'il
balaya : mais, plus heureux que d'autres, je
m'envolai vers ce petit paradis de Beblenheim,

dont l'image était restée gravée dans mon esprit. »

« Ce petit paradis », comme il l'appelait, il le perdit lorsque l'Alsace cessa d'être française. Ce fut pour Macé un profond déchirement que d'être contraint d'abandonner « ce pauvre nid de Beblenheim », comme il l'appelait aussi, où il avait passé les meilleures années de sa vie, où il s'était promis de mourir. Dans une lettre adressée à P.-J. Stahl, le 5 octobre 1872, et publiée dans le *Magasin d'éducation*, il a dit d'une façon touchante combien il avait souffert de renoncer à ce séjour de paix et de bonheur. Ce ne fut pas sans peine, d'ailleurs, que les exilés de Beblenheim, Mlle Vérenet et Macé, parvinrent à trouver en France, pour recommencer leur vie enseignante, un abri tel qu'ils le désiraient, dans les conditions de grand air, d'espace et de liberté, sans lesquelles ils ne concevaient pas que l'éducation fût possible. C'est le 29 septembre 1872 seulement que le Petit-Château fut rouvert, à Monthiers, dans l'Aisne (1).

Depuis 1852 jusqu'en 1894, date de sa mort, Jean Macé entreprendra bien des tâches diverses. Il publiera de nombreux ouvrages. Il fondera la Ligue de l'enseignement. Il sera conférencier populaire à travers la France. Il deviendra sénateur. Il jouera un rôle politique. Mais, parmi toutes ces multiples occupations, il n'abandonnera jamais sa chaire de professeur. Des congrès de la Ligue qu'il a présidés

(1) Après la mort de Macé, le pensionnat du Petit-Château fut transféré à Chatou, près Paris, où il a subsisté quelques années sous la direction de Mmes Théodore Bord et Anna Bentz, ses collaboratrices et héritières. Il est fâcheux qu'on ait laissé tomber une institution à laquelle le nom de Macé était attaché par ses quarante ans de professorat.

plus de dix fois, des séances du Sénat où il a siégé pendant dix ans, il reviendra toujours fidèlement vers l'école où il aimait à instruire les esprits et à former les consciences. C'est en vain que ses amis, et notamment Hetzel, le suppliaient de se décharger au moins d'une partie de sa tâche, afin de réserver plus de temps à ses travaux d'écrivain. Il ne voulait rien entendre. Pendant tout le temps qu'il fut sénateur, il ne se découragea pas, malgré la fatigue, de faire trois fois par semaine, le voyage de Paris à Monthiers, en chemin de fer d'abord, jusqu'à Château-Thierry, puis en diligence, pendant une heure et demie.

Il a donc bien été un professionnel de l'enseignement, amoureux de ses fonctions, passionné pour son devoir : « Je m'abandonnai, dit-il, au bonheur de la paternité intellectuelle et morale, la première des fonctions sociales quand on se hausse l'âme au niveau de sa mission. »

Que de trésors d'intelligence et de cœur n'a-t-il pas dépensés, pendant près d'un demi-siècle, dans sa laborieuse carrière de professeur de jeunes filles ? Songez qu'à Monthiers, comme à Beblenheim, il n'enseignait pas seulement l'histoire naturelle, pour laquelle il avait une prédilection marquée : peu à peu, il avait attiré à lui toutes les branches de l'enseignement, et, professeur universel, il enseignait la littérature, l'histoire, toutes les sciences,... jusqu'à la tenue des livres. Et son travail était d'autant plus intense qu'il enseignait tout cela, non selon les formes convenues et la routine traditionnelle, mais à sa manière, avec ses méthodes personnelles, cherchant toujours, avec une rare ingéniosité, à adapter ses leçons au mouvement naturel de l'intelligence de ses élèves. Son cœur, plein de tendresse pour les enfants, l'aidait d'ailleurs dans cet effort d'appropriation : « Aimer les gens, voyez-vous, c'est une grande force ; et quand je m'arrête, embarrassé par quelque explication qui ne vient pas assez claire, il me suffit que je remette sous mes yeux cette petite tête rieuse d'enfant, où sommeille une âme qui va bientôt s'éveiller, pour que le jour se fasse dans la mienne... »

Il était à ce point professeur qu'il avait, dans sa longue pratique quotidienne, contracté des habitudes gênantes et presque des manies. Ainsi, il ne pouvait parler qu'assis. Il expliquait gentiment le peu de succès de ses discours au Sénat par cette raison qu'à la tribune il lui fallait parler debout. Un jour, dans un congrès de la Ligue, il reste court. Il s'excuse, se rassied : et aussitôt son éloquence naturelle lui revient. Il n'était jamais plus à son aise que devant un auditoire féminin et jeune. L'habitude était si forte que, dans une assemblée d'hommes, ayant à rappeler à l'ordre quelques auditeurs bruyants, il lui arriva de les apostropher vivement par ces mots : « Voulez-vous bien vous taire, mesdemoiselles ?... » Une autre fois, s'adressant à une réunion vénérable d'hommes mûrs et âgés, de députés et de sénateurs, il lui échappait de leur dire sérieusement : « Mes enfants, vous avez été bien sages !... »

Pour organiser son œuvre pratique d'éducation et d'instruction, Macé avait trouvé une excellente collaboratrice dans la directrice du Petit-Château, Mlle Vérenet. Il la tenait en haute estime.

« Elle me stimulait, dit-il ; elle me fortifiait (1). »
C'était entre eux une association, une émulation
d'efforts, analogue à celle qui a si heureusement
présidé aux débuts de l'École normale de Fonte-
nay-aux-Rosés, lorsque Mme de Friedberg y colla-
borait avec Félix Pécaut. Sous la double et commune inspiration de sa directrice et de son
professeur principal, le Petit-Château, avec son
petit nombre de pensionnaires, presque toutes de
religion protestante, constituait une vraie famille,
où la vie était douce. Les élèves disaient bien
que « M. Macé grondait fort quand il s'y mettait » ; mais il ne s'y mettait pas souvent ; et il cor-
rigeait d'ailleurs ses brusqueries par la familiarité
de sa bonté paternelle. Il vivait de la vie commune,
prenait ses repas au réfectoire, assistait à la prière
du soir. Les demoiselles de Beblenheim étaient
heureuses sous un régime libéral qui, à des études
intelligemment conduites, mêlait sans cesse les
jeux en plein air sur la pelouse, des récréations
variées, des promenades, des soirées musicales et
dansantes, même de petites représentations dramatiques. Les élèves choisissaient elles-mêmes
leurs sujets de composition française. Elles avaient
en partie la charge de la surveillance et de la dis-
cipline ; des inspections quotidiennes étaient faites
par des « jurys d'élèves ». On profitait du séjour
à la campagne pour les initier, non seulement à
la connaissance, mais à l'amour de la nature. Les
Américains, on le sait, dans leurs collèges et leurs

(1) Mlle Vérenet mourut en 1891. Cette année-là Macé, contrai-
rement à ses habitudes, ne présida pas le congrès de la Ligue
qui se tenait à Marseille. Il s'en excusait dans une lettre à ses
amis : « Je dispute à la mort l'amie de quarante ans... »

universités, professent le culte de l' « Arbre », auquel ils consacrent chaque année un jour de fête scolaire. Il en était un peu de même au Petit-Château. A Monthiers, il y avait une plantation de sapins pieusement entretenue, en souvenir de l'Alsace perdue et toujours regrettée. En 1875, lorsqu'on y apprit le vote de la Constitution républicaine, les jeunes pensionnaires plantèrent un peuplier, qui devait commémorer la fondation de la République et, en grandissant, symboliser ses progrès.

Dans ce milieu de tranquillité et de travail, Macé était heureux lui aussi. Sans doute, dans son for intérieur, il aspirait à un autre rôle. Il « rongeait son frein », comme il dit, et il attendait : mais il attendait patiemment. Dès sa jeunesse pauvre, il avait appris le secret du bonheur : être simple. Il avait connu les heures de privation, et même de détresse ; par exemple, le jour où, parti de Paris à pied pour faire le voyage d'Allemagne, il dut s'arrêter à Hambourg, faute d'argent ; pour se rapatrier, il se fit matelot sur un voilier, payant le prix de la traversée en tirant les cordages... Même aux heures brillantes de son existence, il ne changea rien à la simplicité de ses goûts. A Beblenheim, il était petitement logé, dans un appartement de deux pièces, des plus modestement meublées. Il n'en demandait pas davantage, partageant cet humble asile avec Mme Macé qui, elle non plus, n'était guère exigeante. Bien qu'elle n'eût que peu d'instruction, Macé la considérait comme sa providence. Ne pouvant pas s'associer au travail de pensée de son mari, elle prenait du moins sa part de ses occupations matérielles.

Lorsque, en 1866, commença le travail de propagande pour la Ligue, assise à côté de lui dans la petite chambre de Beblenhéim, elle passait ses journées à mettre sous bande les circulaires qu'on envoyait aux quatre coins de la France. C'est en 1875 que Macé perdit sa compagne dévouée ; elle était beaucoup plus âgée que lui. Longtemps après, il aimait encore à montrer à ses amis, avec une émotion sincère, quand ils allaient le voir à Monthiers, la chambre où elle s'était éteinte, et où tous les objets dont elle se servait durant sa vie avaient été soigneusement recueillis et conservés à leur place.

Mais, quelque absorbé que fût Macé par les douceurs de la vie conjugale ou par les fatigues journalières de son enseignement, il ne s'y oubliait pas tout entier. « Depuis 1848, écrivait-il, je n'ai eu qu'une pensée, celle de l'éducation du peuple. » Et cette pensée, il la manifesta d'abord, dans une première période, de 1852 à 1864, par la préparation et la publication de toute une série d'ouvrages d'éducation : puis, dans les trente dernières années de sa vie, par l'organisation de la Ligue de l'enseignement.

Ses écrits dont nous allons parler, son rôle dans la fondation et le développement de la Ligue, dont nous raconterons brièvement l'histoire, achèveront de nous montrer quelles étaient les qualités fines et fortes du penseur, l'intrépidité et le savoir-faire de l'homme d'action. Mais Macé valait aussi par ses qualités intimes, par une extrême bonté de cœur. Ses amis racontent qu'ils ont été les témoins d'une foule d'actes de bienfaisance, qu'il accomplissait discrètement, et au risque de se priver lui-même du nécessaire. Secourable aux individus, il mettait néanmoins au-dessus de tout le dévouement à la collectivité, à la patrie. « Patriote avant tout », c'était pour lui aussi la devise préférée. Après les désastres de 1870, il fut quelque temps comme désemparé. Il avait promis d'écrire pour le *Magasin d'éducation* une *Histoire de France;* mais il ne trouvait plus le courage de la composer. Comme il le disait, pour s'excuser de son retard : « Les ruines de notre histoire présente n'ont pas, depuis deux ans, laissé de place dans nos imaginations à l'histoire du passé. »

L'Alsace était devenue sa seconde patrie. C'est au pied des Vosges qu'il avait vécu vingt ans, qu'il avait travaillé, qu'il avait conçu sa grande entreprise. Et si nous sommes attachés d'instinct au pays qui nous a vus naître, ne le sommes-nous pas aussi, par un lien plus fort peut-être, aux lieux où notre pensée a grandi, où nous avons agi, lutté pour nos idées, où se sont éveillés les projets qui sont devenus la raison d'être de notre vie? Macé n'a cessé de porter dans son cœur le deuil de l'Alsace. Il était de ceux, dont l'espèce semble devenir tous les jours plus rare, qui, selon le mot célèbre, « n'en parlent jamais, mais y pensent toujours ». Il le prouva encore dans le dernier acte de sa vie publique. Hypnotisé par la trouée des Vosges, il pensait que d'un jour à l'autre la France pouvait être appelée à un nouvel effort pour prévenir un nouveau démembrement ; et cette préoccupation passionnée l'empêchait de voir clair dans les questions de politique coloniale, et d'en comprendre l'importance. C'est dans cet esprit que, huit jours avant sa mort, le 6 décembre 1894, ce vieillard de quatre-vingts ans montait à la tribune du Sénat (1), pour combattre le crédit de 65 millions demandés par le gouvernement pour l'expédition de Madagascar. « C'est un gouffre, s'écriait-il, qui s'ouvre devant vous. Est-ce que les dangers manquent à vos portes, pour que vous alliez les chercher si loin ? » On ne l'écouta pas, et il en fut attristé. Il avait fait un tel effort pour se séparer sur cette question de ses amis politiques, nous écrit M. Mismer, qu'il ne s'en releva pas. Il s'alita, en rentrant à Monthiers, et quelques jours après, le 13 décembre 1894, il était mort. On a pu dire que Macé avait été la première victime de l'expédition de Madagascar.

(1) Macé avait été élu sénateur inamovible le 8 décembre 1883, en même temps que le général Campenon, par 134 voix sur 211 votants.

Ce serait aller trop loin que d'attribuer à Macé le mérite d'avoir inventé de nouvelles méthodes pédagogiques. Mais il a du moins inauguré, dans une série de publications, un genre original d'exposition, de vulgarisation scientifique, à l'usage et à la portée des enfants. L'*Histoire d'une bouchée de pain* en est resté le modèle achevé.

En essayant, dans ces *Lettres à une petite fille sur la vie de l'homme et des animaux*, d'expliquer, de rendre intelligible et clair pour un enfant, le mécanisme de la nutrition, Macé obéissait à une inspiration analogue à celle qui conduisait Pestalozzi, lorsque, dans le *Livre des mères*, il appelait ses petits élèves à étudier, avant toute autre chose, les organes et les fonctions du corps humain. Plus tard, Macé appliquera le même effort d'imagination aimable et ingénieuse à d'autres parties de l'enseignement, à l'arithmétique, à la cosmographie, à l'histoire aussi et à la morale. S'il a commencé par la *Bouchée de pain*, c'est qu'il pensait que l'histoire naturelle est ce qui convient le mieux à l'intelligence enfantine pour ses débuts dans l'étude de la science, et que rien ne peut intéresser davantage le petit être qui grandit que d'apprendre précisément comment il grandit, quelles sont les forces, quelles sont les lois qui maintiennent et développent sa vie. Ajoutons que, dans la pensée de Macé, un livre de ce genre devait avoir aussi son utilité pour les parents ; et que les mères, trop souvent ignorantes, en le lisant par-dessus les têtes de leurs filles et de leurs fils, y apprendraient à mieux ordonner le régime alimentaire, à mieux diriger l'éducation physique de leurs enfants.

C'est en septembre 1861 que parut la première édition de l'*Histoire d'une bouchée de pain*, qui en a eu tant d'autres depuis. Macé l'avait lentement préparée dans sa retraite de Beblenheim ; et ce petit livre, écrit au pied des Vosges, dans la solitude d'un village, devait avoir un succès universel, à l'étranger comme en France. Il rendit d'emblée célèbre le nom de Macé. « Ce succès, dit-il, fit sur moi l'effet de l'ouverture de la cage sur l'oiseau qui y est enfermé... » En composant, après l'avoir professé sans doute devant les demoiselles du pensionnat du Petit-Château, un livre d'histoire naturelle, Macé n'improvisait pas une œuvre jusque-là étrangère à ses études. Dès le collège, il avait pris goût aux questions de biologie. C'est précisément à l'époque où il faisait ses classes à Stanislas que le Conseil royal, par arrêté du 18 avril 1830, avait introduit pour la première fois dans les programmes de l'enseignement secondaire l'étude des sciences de la nature, en consacrant deux heures par semaine, dans la classe de troisième, à l'histoire naturelle des animaux et des plantes. La preuve que Macé profita de cette innovation, c'est qu'en 1832, petit élève de troisième, il obtint au Concours général le prix unique d'histoire naturelle. La preuve encore, c'est ce qu'il écrit lui-même dans la dédicace de la *Bouchée de pain*, adressée à Isidore Geoffroy Saint-Hilaire, ou plutôt à sa mémoire (1) : « Vous m'aviez promis un avenir de naturaliste, alors que je n'étais qu'un enfant. Les agitations de la vie m'ont emmené trop loin des régions sérieuses où se cultive la science pour que je puisse faire honneur à votre prédiction. » Et il ajoutait : « Permettez-moi cependant de vous dédier ce livre d'enfant, où vous n'auriez retrouvé qu'un disciple de fantaisie, mais que vous auriez accueilli peut-être d'un sourire indulgent. »

Geoffroy Saint-Hilaire, comme tous les amis de la science, eût certainement accueilli avec faveur le livre charmant que lui dédiait Macé. Il eût applaudi à une tentative, qui avait pour but sinon d'étendre la science, du moins de la populariser, et de rendre accessibles aux intelligences les plus humbles les questions si compliquées de l'organisation de la machine humaine. Il serait difficile à un professeur élémentaire de pousser plus loin l'art de s'insinuer dans l'attention de ses petits auditeurs, d'éveiller leur intérêt, et de leur présenter de façon plus séduisante, avec plus d'humour et de bonne grâce, de sévères notions scientifiques. Ce sont des pages exquises que celles de l'*Introduction* qui ouvre le livre. L'extrait suivant en donnera une idée :

... J'entreprends, ma chère petite, de vous expliquer bien des choses qu'on regarde en général comme très difficiles à

(1) Isidore Geoffroy Saint-Hilaire est mort en 1861, l'année précisément où parut l'*Histoire d'une bouchée de pain*.

comprendre... Si nous parvenons, en nous y mettant à nous deux, à les faire entrer dans votre tête, j'en serai très fier pour mon compte... Vous êtes-vous quelquefois demandé pourquoi on mange ?...

Je vous vois rire d'ici...

— L'on mange parce qu'il y a des bonbons, des gâteaux, des confitures, des poires, du raisin, des petits pains tendres, toutes sortes de bonnes choses qui font plaisir à manger.

— C'est une assez bonne raison : il n'en faut pas d'autre. Ah ! s'il n'y avait que de la soupe au monde, peut-être bien qu'on pourrait demander : « Pourquoi mange-t-on, même quand on n'a que de la soupe ? »

Je vais vous le dire, si vous ne le savez pas.

L'autre jour, quand votre maman a déclaré que votre robe était devenue trop courte, d'où venait cela ?

— Belle demande ! c'est que j'avais grandi.

— Et comment avez-vous grandi, s'il vous plait ?

Vous voilà prise. Il est bien sûr que personne n'est venu rallonger vos jambes pendant que vous dormiez, et que si les bras sortaient des manches, ce n'était pas parce qu'on avait remis un petit morceau au coude, comme on remet des planches à la table, le jour où l'on donne à dîner à beaucoup de monde. Cependant rien ne grandit tout seul... Si l'on n'a rien ajouté par dehors, il faut bien que quelque malicieux génie ait fourré par dedans tout ce qu'il y a de plus dans les bras, dans les jambes et le reste. Et le malicieux génie, savez-vous bien qui c'est ?

C'est vous.

Ce sont vos belles tartines, vos bonbons, vos gâteaux, la soupe aussi, et la soupe encore mieux que tout le reste, qui une fois disparus dans le petit gouffre que vous connaissez bien, se sont mis, sans vous demander la permission, à se glisser sournoisement dans tous les coins et recoins de votre corps, où ils sont devenus, à qui mieux mieux, des os et de la chair... Vos petits ongles roses qui se trouvent repoussés tous les matins ; le bout d'en bas de vos beaux cheveux blonds qui s'allongent toujours davantage ; vos dents de grande fille qui remplacent à mesure celles qui vous étaient venues en nourrice : vous avez mangé tout cela !... »

Et le livre tout entier continue sur ce ton de causerie souriante et gracieuse. Jamais on ne déploya plus d'ingéniosité pour enguirlander de comparaisons et d'images l'aridité des termes techniques et des démonstrations abstraites. A chaque instant l'auteur dira : « Je vais vous faire une comparaison, qui vous fera mieux comprendre... » Son imagination n'est jamais à court pour trouver, dans les choses familières à l'enfant et connues de tout le monde, des analogies, des similitudes, qui soient de nature à éclaircir les obscurités des mystères de la vie... Par exemple, il dira du foie, pour expliquer sa fonction dans le travail de la nutrition, que c'est « le maître chiffonnier »; il comparera la forme de l'estomac à celle d'une cornemuse ; il appellera l'estomac, pour définir le rôle qu'il joue dans l'organisme, le « maître cuisinier », ou bien encore, « le Président de la République intérieure ». S'il veut faire entendre que, pour bien dormir, il n'est pas indifférent de se coucher de préférence sur le côté droit, il en donnera cette raison que le foie, si l'on se couche du côté gauche, vient écraser de son poids l'estomac, « comme un gros homme qui s'endort dans une diligence vient écraser son voisin, dès que la voiture penche d'un côté... »

Fénelon et avec lui tous les partisans de l'instruction attrayante auraient goûté ce perpétuel recours à la comparaison. Peut-être est-il permis de penser que Macé en abuse un peu. A force de vouloir rendre la science amusante, ne s'expose-t-il pas à la puériliser? Les images qu'il prodigue finissent par masquer les faits réels qu'elles ont la prétention de rendre plus clairs. Depuis que la *Bouchée de pain* a été écrite, depuis un demi-siècle, notre goût a certainement changé. A nos yeux amoureux de simplicité, la manière de Macé paraît aujourd'hui légèrement artificielle, raffinée et précieuse. Nous préférerions un exposé de la science plus franc et plus direct, qui, sans recourir constamment à l'interposition d'une image, mette l'enfant face à face avec la nature.

Si Macé a pris tant de peine pour apprendre aux enfants la physiologie élémentaire, ce n'est pas seulement pour qu'ils la sachent, et parce qu' « il n'est jamais trop tôt pour apprendre » : c'est aussi pour en tirer de sages préceptes d'hygiène, des avis utiles à la santé ; c'est enfin pour faire sortir sans cesse de l'étude des phénomènes naturels une leçon morale et même religieuse. « Les choses que je vous enseigne, dit-il, ont le mérite de vous habituer à penser à Dieu, en vous faisant connaître les merveilles qu'il a faites. » Le moraliste accompagne le naturaliste à toutes les pages du livre. « A mesure que l'on apprend, on se rapproche davantage de la destinée que Dieu a fixée à l'homme, et quand on marche docilement, dans la route que Dieu nous a tracée, on devient nécessairement meilleur... »

Qu'aurait pensé, qu'aurait dit Jean Macé, s'il lui avait été donné d'assister, en 1901, au congrès tenu à Caen par la Ligue de l'enseignement, et d'y entendre exprimer et voter un vœu, tendant à la radiation des devoirs envers Dieu dans le programme de l'enseignement de la morale? Il aurait désavoué ses disciples. Il eût opposé son déisme sincère à leur irréligion apparente. On ne l'aurait probablement pas convaincu, en lui répondant qu'exclure la morale religieuse de l'école, ce n'est

nullement la supprimer : c'est la renvoyer à l'Église,
aux diverses Églises ; et en lui remontrant qu'en
définitive le vœu du congrès de Caen n'était que la
conclusion logique du principe qu'il acceptait lui-
même : la science à l'école, et la religion dans les
Églises. Comme Rousseau, comme Pestalozzi, Macé
s'incline naïvement dans la croyance à une Providence toute puissante. Il estime qu'on ne saurait
trop en parler à l'enfant : « Notre corps est un tem-
ple où Dieu réside, non pas inactif et dérobant sa
présence, mais vivant et sans cesse agissant, veil-
lant à l'accomplissement des lois qui régissent les
mouvements des organes de la digestion dans le
corps de l'homme, avec autant de soin qu'à celles
qui conduisent le soleil et les étoiles, dans le
ciel... » Jamais philosophe cause-finalier, pas même
un Bernardin de Saint-Pierre, n'a au même degré
introduit et mêlé les intentions d'une finalité con-
sciente dans la trame serrée du mécanisme physique. C'est vraiment abuser des causes finales
que dire, par exemple : « Dieu a pensé à tout, puisqu'il n'a pas donné de dents à l'enfant qui tète et
qui mordrait sa mère, s'il en avait.... — Si les sub-
stances qui ne conviennent pas à la nutrition se
trahissent par leur mauvais goût, c'est encore que
Dieu a pensé à tout... » On ne verra plus guère au
xxᵉ siècle un livre de science qui, comme *la Bouchée de pain*, se termine par une conclusion de
sermon, analogue à celle-ci : « Allez, ma petite
fille, et mangez en paix, comme un joli petit ani-
mal que vous êtes ; mais n'oubliez pas de nourrir
aussi l'autre partie de votre être, celle qui est la
principale et qui vous fait monter à Dieu... »

Tel nous apparaît Macé dans son premier ouvrage, spiritualiste et religieux, tel ou à peu près nous le retrouvons, plus de trente ans après, dans un livre qui peut être considéré comme le testament de sa pensée, la *Philosophie de poche*, publiée en 1894 (1). Une longue expérience n'a pas modifié ses opinions philosophiques. Il est resté avec ferveur l'adepte de la religion naturelle. Et ici, alors qu'il expose librement ses idées personnelles, on ne pourrait songer à prétendre que son déisme soit simplement une concession faite par un professeur consciencieux à des élèves dont il veut respecter et ménager les croyances naïves. Non, Macé parle pour lui-même, avec la conviction réfléchie d'un sage qui a médité les grands problèmes pendant près de soixante ans, et sa conclusion bien nette est que Dieu existe, mais qu'il est impossible à l'intelligence humaine de le définir. Il croit, sans le comprendre, à un Dieu inconnu, qui lui est manifesté par l'ordre admirable du monde physique. Il croit « au Dieu des petits enfants, le plus philosophique de tous ». A l'en croire, d'ailleurs, il n'y aurait pas d'athées : ceux qui s'imaginent l'être seraient des déistes sans le savoir. Voici comment il l'explique ingénieusement : « Supposez, dit-il, quatre aiguilles de boussole qui seraient placées devant un aimant caché dans une boîte : immédiatement, elles vont braquer sur lui, quelque invi-

(1) La *Philosophie de poche* est datée de Monthiers, 27 janvier 1893. C'est un tout petit volume, in-32. Macé affectionnait ce format portatif, qui est aussi celui de ses brochures de 1872. Il conseille à ceux qui voudront le lire de « l'emporter sous les arbres ». — « C'est sous les arbres, dit-il, qu'il a été composé, c'est là qu'il a été pensé solitairement, pendant de longues années, loin de toute chaîne, sans souci d'école. »

sible qu'il soit, une de leurs pointes. L'une dit :
« Ce qu'il y a là-dedans, je le sais, est rond ; on
me l'a révélé. » La seconde : « Ce qu'il y a là-
dedans est carré ; on me l'a révélé... » La troisième, — et c'est Macé qui parle en son nom — :
« La forme de ce qu'il y a là-dedans, je ne le sais
pas, mais ce que je sais, c'est qu'il y a quelque
chose.... » Enfin la quatrième aiguille, — et c'est
l'athée prétendu, — s'écrie : « Là-dedans, il n'y
a rien. » Et elle le dit avec fureur, tout en
braquant sa pointe, comme les autres, sur l'aimant
qu'elle ne voit pas, mais qui l'influence tout de
même. « Cette aiguille-là, ajoute Macé, croit être
athée : elle ne l'est pas. La boîte mystérieuse « la
met dans tous ses états », comme l'on dit familiè-
rement. Elle lui obéit donc sans le vouloir. » Où
est enfin le véritable athéisme ? Macé, continuant
son apologue, le représente par une épingle non
aimantée, et qui par suite, bien que placée à côté
de l'aimant, ne bouge pas. « C'est elle qui est
l'athée. L'aimant n'existe pas pour elle... » En
d'autres termes, l'athéisme ne serait que l'infirmité
naturelle des hommes auxquels il manque un
sens, qui ne sont pas « aimantés »...

Macé, dans ses spéculations philosophiques, ne
dépasse guère ce qu'on appelait autrefois la philosophie du sens commun. Devant les mystères de
l'origine et de la fin des choses, il s'abstient de
raisonner, sinon de conclure. Il renonce pieusement à forcer « le sanctuaire », à poursuivre « dans
le noir » ce qui se dérobe à notre entendement. Il
se contente d'un acte de foi. Sur le chapitre de la
destinée de l'homme, il confesse aussi son igno-

rance : « Là où la raison perd pied, le plus sage est
de s'endormir, calme et confiant, dans les bras de
la justice éternelle ». Et il ajoute : « Il faut bien
vivre, voilà ma seule réponse à la question de
l'existence de l'âme et de sa destinée... Ainsi, l'on
marche sans crainte vers l'autre vie : car il y en a
une, je l'affirme, mais je me garderai bien d'essayer de le démontrer. »

Sur d'autres questions, Macé est plus catégorique : il n'hésite pas à accepter comme certaine
et indiscutable la théorie de l'évolution des êtres,
et, avec son enjouement habituel, il raille ceux que
révolterait l'idée d'une descendance animale : « On
aurait assurément fort scandalisé Louis XIV, en
lui disant qu'il descendait d'un boucher de Paris,
souche des Capétiens. Cela n'aurait pas empêché
sa lignée royale, sept fois séculaire, d'avoir eu, si
la légende est vraie, ses origines dans une bou-
tique. »

Le savant presque universel qu'était Macé
laisse voir, à toutes les pages de la *Philosophie de
poche*, la variété de ses connaissances. Mais le
moraliste, l'éducateur n'y perd jamais ses droits.
De bons conseils, de fortifiantes paroles s'y mêlent
à chaque instant aux faits positifs et aux aperçus
de philosophie générale. Qu'on lise, par exemple,
le beau chapitre intitulé *Noblesse oblige*, où l'auteur explique quelles sont les vraies conditions
de la dignité et du bonheur de l'homme : la recherche du vrai qui le met en paix avec sa raison,
la pratique du bien qui le met en paix avec sa conscience.

Nous sommes passés, sans respecter l'ordre

chronologique, du premier au dernier des ouvrages de Macé, afin de montrer tout de suite l'unité invariable de sa pensée philosophique. Il nous faut maintenant revenir en arrière pour signaler les autres livres d'instruction, qui firent suite à l'*Histoire d'une bouchée de pain*. Il les avait élaborés pendant ses dix années de recueillement, d'« enterrement bienheureux », comme il disait; et coup sur coup il publia, en 1861 et en 1862, le *Théâtre* et les *Contes du Petit-Château;* en 1862, l'*Arithmétique du grand-papa;* en 1866, un nouveau livre d'histoire naturelle, où il achève d'exposer l'organisation du corps humain, *les Serviteurs de l'estomac* (1).

Dans tous ces écrits une même préoccupation domine, celle de présenter l'enseignement sous une forme agréable. « L'éducation et la récréation sont deux termes qui se rejoignent », disait-il dans le *Préambule* du *Magasin* auquel, d'accord avec Hetzel, il donnait ces deux mots pour titre. Dans ses livres, il a toujours fait effort pour ne pas les séparer. Il n'admettait pas la science à l'état brut, pour ainsi parler. Il croyait nécessaire de l'envelopper sans cesse de fictions, de l'agrémenter par des histoires et des contes. En cela il exagérait un peu. Il y a trop de fées, trop de géants et de nains, trop de magiciens, dans ses livres d'éducation, et il s'apercevait lui-même de son erreur : « Si l'on met de la confiture sur le pain, pour le faire manger aux enfants, il pourra

(1) Avant de paraître en volume, *les Serviteurs de l'estomac* avaient été publiés, dès 1864, dans les premiers numéros du *Magasin d'éducation*, dont ils ouvrent la collection.

arriver que les enfants lèchent la confiture et laissent le pain... » Où il a tout à fait raison, c'est quand il écarte impitoyablement les vieilles méthodes, celles qui débutaient par des abstractions et des généralités. « Il ne faut pas que l'abstraction se présente en ennemie : il faut qu'elle entre par une tranchée déjà ouverte », c'est-à-dire à la faveur des intuitions, des expériences, qui la préparent et la rendent intelligible.

Avant M. Herbert Spencer, Macé a demandé que, dans sa marche progressive, l'éducation intellectuelle de l'enfant suivit l'évolution de l'humanité. « L'enfant, disait-il, a cet avantage, il est vrai, que, servi par la tradition, qui lui fournit en bloc le trésor des découvertes péniblement amassé par les ancêtres dans la suite des âges, il franchit, par enjambées gigantesques, le chemin le long duquel ils se sont péniblement traînés... Mais il ne faut pas croire pour cela qu'on puisse le faire entrer en possession de cet héritage, sans suivre l'ordre dans lequel cet héritage s'est formé. Si rapide que soit sa course, il convient que l'enfant passe par la même route que l'humanité, et l'on doit respecter dans l'individu la loi qui a présidé à l'éducation de l'espèce. »

C'est d'après ces principes qu'il a composé l'*Arithmétique du grand-papa, ou l'Histoire de deux petits marchands de pommes*. Il savait combien il est malaisé de faire réellement apprendre et comprendre à des enfants la première des sciences mathématiques, si l'on se conforme à la routine, et si on l'enseigne théoriquement. Dans ce cas, la mémoire est seule à entrer en jeu, pour se

charger douloureusement de mots et de pratiques
dont le sens lui échappe. Il en avait fait l'expérience au Petit-Château : « Il y a longtemps que
l'enseigne l'arithmétique à de grandes demoiselles
qui appliquent les règles sans les comprendre,
sans pouvoir les expliquer. »

De là l'essai qu'il tenta de les amener à découvrir,
en quelque sorte, et à inventer l'arithmétique, en
leur contant l'histoire de deux petits marchands
de pommes, qui sont contraints par les nécessités
de leur commerce de réaliser pratiquement toutes
les opérations numériques. Dans le cadre de fic-
tion que Macé a imaginé selon son habitude,
elles y sont aidées par une petite fille, leur propre
sœur, — il y a toujours des petites filles ou de vieilles
tantes, des femmes enfin, dans les écrits de Macé,
tantôt comme élèves, tantôt comme professeurs,
— et cette petite fille est elle-même inspirée par
une bonne fée. Laissons de côté toute la mise en
scène, les fées qui paraissent un peu dépaysées
dans l'explication des quatre règles, et tous les
enjolivements où se complaît l'imagination du
plus enfant des pédagogues. Au fond la méthode
qu'il préconise, et qu'il applique, est excellente.
C'est celle de l'esprit humain qui est passé peu à
peu de l'expérience concrète à la règle générale.
Les premiers calculateurs n'ont pas procédé tout
de suite par raisonnement, par construction abs-
traite. Ils se sont trouvés en face de problèmes
réels ; ils les ont résolus matériellement, avant
d'être capables de formuler *in abstracto* les règles
qu'ils avaient suivies. C'est de la même manière
qu'il convient de procéder avec l'enfant, dans l'en-

seignement des sciences abstraites. Il faut qu'on
le fasse assister, participer, à la création de l'arithmétique, comme à celle de la géométrie. Alors il
ne sera plus exposé à répéter machinalement des
mots et des formules. On ne le dégoûtera pas
d'avance de l'étude, en brusquant son intelligence. On aura excité son intérêt, en faisant
appel à ses sens, et aussi à la logique spontanée
de son esprit. Et c'est seulement quand cette
instruction concrète, expérimentale et pratique,
aura porté ses fruits, qu'on pourra utilement faire
apparaître le livre d'école, avec ses raisonnements
abstraits, et la leçon didactique, avec ses démonstrations et sa théorie rigoureuse.

Cette méthode active, inductive et inventive,
qui va du fait à l'idée, de l'expérience à la loi, de
l'exemple à la règle, qui, pour ainsi dire, prend
le pas de l'enfant et modèle ses allures sur le
mouvement naturel de l'intelligence en marche,
Rousseau, M. Herbert Spencer nous l'ont déjà
recommandée, et Pestalozzi l'a mise en usage. Macé
l'applique, non seulement à l'arithmétique, mais
aussi aux études grammaticales, dans un article
du *Magasin d'éducation* : *Un voyage au pays de
la grammaire* ; à la géographie, dans une petite
brochure publiée en 1869 : *Une carte de France
pour les enfants ; le Gulf Stream.*

On a vu comment Macé enseignait les sciences
naturelles : tout autrement, à n'en pas douter,
que les lui avait enseignées à lui-même son professeur de Stanislas, un naturaliste, célèbre en son
temps, Achille Comte. Les procédés d'exposition
amusante et familière qui lui avaient si bien réussi

dans l'*Histoire d'une bouchée de pain*, il les reprit et les employa de nouveau dans un livre qui en est le complément, *les Serviteurs de l'estomac*. Ici pourtant, comme la petite fille a grandi, l'exposition est un peu plus scientifique. Cette même méthode, il en usait encore, à la fin de sa vie, dans un essai de vulgarisation de la cosmographie et de l'astronomie, *les Soirées de la tante Rosy*. Ce fut son dernier ouvrage : il ne parut en volume qu'après sa mort, mais il avait déjà été publié dans le *Magasin d'éducation*, en 1894. En l'écrivant, Macé avait conscience de sa fin prochaine. « Ces leçons, écrivait-il le 15 novembre 1894, seront, j'en ai peur, mon dernier effort. » Il dédiait ce travail à Mlle Bord, qui avait succédé à Mlle Vérenet dans la direction du pensionnat du Petit-Château, et qui continuait dignement les traditions de sa devancière. Macé lui disait : « Vous faites aimer à vos élèves ce que vous leur enseignez, parce que vous les aimez et parce qu'elles vous aiment. »

La pédagogie de Macé, on le voit, est à l'adresse des petits enfants, de ceux qui commencent à étudier. Il excelle, — et, en cela il ressemble fort à Pestalozzi, dont il est, comme tant d'autres, le disciple sans le savoir, — il excelle à faire de son élève, comme il le dit lui-même, « un commencement d'astronome », un commencement de naturaliste, de mathématicien. Avec des élèves plus avancés dans leurs études, il n'aurait plus eu recours aux charmants enfantillages de ses livres élémentaires. Il savait à merveille que les méthodes d'enseignement doivent changer avec l'âge

3.

des élèves. Mais il savait aussi que ce sont les commencements qui importent le plus. L'enseignement est chose relativement facile, quand il s'agit d'achever d'instruire des esprits déjà à moitié formés et mis en éveil. Ce qui est autrement délicat, ce qui est le point capital, c'est la première instruction, l'enseignement élémentaire, celui qui a précisément pour objet d'éveiller l'intelligence encore endormie. C'est dans ces leçons du premier âge que se joue souvent la destinée de l'homme ; car, ou bien elles mettent l'esprit en mouvement pour la vie, ou bien elles risquent de le dégoûter pour toujours de l'étude. Aussi est-ce avec raison que M. Léon Bourgeois, au congrès de Bordeaux en 1895, saluait en Macé un des plus grands instituteurs français, « égal, disait-il, aux maîtres de l'enseignement supérieur, par la largeur des vues, par l'étendue de l'érudition, et qui en même temps s'est fait le modeste maître d'école des petites filles et des petits garçons, estimant qu'il n'y avait rien de plus grand que d'incliner un grand esprit au niveau des plus humbles intelligences (1). »

Dans l'enseignement de la morale, Macé ne se montre pas moins ingénieux que dans celui de la science en général. A l'exemple de Fénelon, dans ses *Fables*, il imagine de petits contes qui encadrent une leçon morale dans un récit fictif. Comme Mme de Maintenon, il compose un théâtre d'édu-

(1) Discours prononcé par M. Léon Bourgeois, président de la Ligue de l'enseignement, au congrès de Bordeaux, le 26 septembre 1895. Voyez la *Revue pédagogique* de 1895, t. II, p. 302 et suiv.

cation. Assurément, dans les *Contes du Petit-Château*, il n'a pas toujours réussi à éviter la fadeur, qui est l'écueil de ce genre d'écrits. Mais il sait pourtant intéresser ses petits lecteurs, tout en leur communiquant de bonnes pensées. Pour en donner une idée, voici le canevas d'un de ces contes, intitulé: *le Grand savant* :

— Il y avait une fois un petit garçon qui croyait tout savoir parce qu'il avait tous les prix de sa classe, et qui abusait de sa supériorité grammaticale pour humilier une petite fille qui ne savait pas, comme lui, distinguer une proposition relative d'une proposition principale. Une fée, — il y a toujours des fées, — la fée Modeste, intervient. Elle s'adresse d'abord à la petite ignorante, et lui demande si tout au moins elle pourrait dire ce qu'il faut faire pour bien vivre, et l'enfant répond : « Il faut obéir au bon Dieu et être bon, comme lui, avec tout le monde... » Puis la fée prend par la main le « grand savant » de douze ans, et elle le conduit tour à tour chez de vrais savants, un historien, un astronome, d'autres encore. Partout l'enfant apprend à reconnaître la médiocrité ou plutôt la nullité de son savoir; partout aussi, il entend les hommes illustres qu'il visite, interrogés sur la conduite de la vie, répéter comme un refrain la phrase de la naïve petite fille : « Il faut obéir au bon Dieu, et être bon, comme lui, avec tout le monde... »

Comme beaucoup d'autres pédagogues, Macé croyait à la vertu éducatrice des pièces de théâtre, composées pour les jeunes gens et jouées par eux (1). Il y voyait d'abord un amusement innocent,

(1) La Ligue de l'enseignement est restée fidèle sur ce point

ce qui n est pas à dédaigner. Il estimait aussi qu'il n'y a pas de meilleur exercice pour développer la mémoire, les jeunes acteurs étant intéressés à faire un effort sérieux devant un public nouveau pour eux. Il y trouvait encore un moyen de former la prononciation, la diction, de donner de l'aisance dans les mouvements et les manières. Quelques-unes des pièces, que « l'impresario du Petit-Château » avait si soigneusement agencées, ont un caractère particulier. L'auteur y présente une leçon de classe sous forme dramatique. La *Leçon de géographie* et la *Composition d'histoire* sont de ce genre. « Je m'engagerais volontiers, disait Macé, à enseigner toute l'histoire de France dans une série de petits drames. »

Mais ce que Macé visait surtout dans ses compositions dramatiques, c'était l'instruction morale. Tantôt, comme c'était la mode au théâtre de Saint-Cyr, c'est un proverbe qu'il développe : *A brebis tondue Dieu mesure le vent*. Tantôt, c'est un sujet exclusivement moral qu'il dramatise : *L'utilité de la douleur*.

Dans son répertoire, dont il n'a publié, d'ailleurs, que quelques échantillons, — il a réservé et laissé inédites toutes celles de ces pièces où il figurait lui-même, avec Mme Macé, avec Mlle Vérenet, — il y a quelques scènes véritablement touchantes. On y voit, comme il convient, des enfants très sages, de grandes personnes charitables et géné-

comme sur tous les autres, à la pensée de Macé. Nous remarquons, en effet, entre autres concours qu'elle a ouverts pour la première fois en 1900, les concours n°s 3, 4 et 9, où elle demande aux concurrents des recueils de monologues et de petites comédies, et aussi un « Théâtre de la jeunesse ».

reuses. Mais Macé évite le plus qu'il peut les sentimentalités banales des « berquinades ». Il prend pour sujet l'événement du jour. Son théâtre n'est pas un théâtre en l'air : il l'approprie aux circonstances. Il improvise une série de scènes, afin de calmer l'émotion, le trouble moral qui, à un moment donné, agite ses élèves. « Le théâtre était, dans les moments critiques, un de nos moyens d'action. » Ainsi faisait Fénelon, dans l'éducation du duc de Bourgogne, quand il inventait ses *Fables* au jour le jour, pour dissimuler une réprimande dans l'agrément d'un conte, pour remédier, sans en avoir trop l'air, à un défaut qu'il venait de surprendre, pour encourager une vertu dont il soupçonnait l'éveil.

Voici, par exemple, une pièce intitulée l'*Anniversaire de Waterloo* (1). Macé l'avait composée en 1859, après la campagne d'Italie, après Magenta et Solférino. Il paraît que les victoires des armées françaises avaient surexcité les passions au Petit-Château, ému et divisé ce petit monde cosmopolite de demoiselles de toutes nationalités, comme elles avaient troublé les puissances européennes. Il y avait là des Françaises, bien entendu, mais aussi des Allemandes, des Anglaises, même une Russe. On se chamaillait ferme, pendant les récréations. De petites voix féminines agitaient les hautes questions de la guerre et de la paix. Aussitôt Macé se met à l'œuvre, et il fait représenter par ses élèves un drame de quelques pages, qui eut pour résultat de faire cesser les querelles internationales des

(1) L'*Anniversaire de Waterloo* ne figure pas dans le *Théâtre du Petit-Château*. Macé l'a fait paraître à part en brochure (1869).

demoiselles du Petit-Château, en réunissant tous ces jeunes cœurs dans un même sentiment de réprobation contre la guerre. « Il est facile, disait spirituellement Macé, de calmer les tempêtes dans un verre d'eau, surtout quand on le tient dans la main. Quel dommage que je n'y tienne pas l'Europe !... »

Le scenario est des plus simples. Quatre personnages, quatre soldats de diverses nations, morts à Austerlitz, à Leipzig, au siège de Paris et à Waterloo, ressuscitent ; — comme les voix des morts dans le tableau lugubre que l'auteur de l'*Aiglon* nous présente au cinquième acte de son drame :

Et la terre ce soir a des morts qui remontent...
Comment s'appellent-ils ? Pierre, Paul, Jean, peu importe.
.... O noms, noms inconnus !
O pauvres noms obscurs des ouvriers de gloire.

Ce sont de pauvres laboureurs arrachés à leurs travaux par l'appel aux armes. Ils nous racontent leur vie, ce qu'ils faisaient aux temps heureux de la paix, cultivant leurs champs, se dévouant à leur mère, à leur sœur, à leur fille, à leur épouse... A leur tour, ces quatre femmes apparaissent, voilées et tristes, et elles évoquent elles aussi les doux souvenirs de la vie de famille. De tout cela se dégage une impression pénétrante, émouvante, tout ce qu'il faut pour faire aimer la paix et maudire la guerre. Et un an après, — l'*Anniversaire de Waterloo* ne fut livré à la publicité qu'en 1869, — la guerre renouvelait ses ravages autour de l'école même où Macé avait célébré les bienfaits de la paix !

Il s'en faut que nous ayons recueilli dans l'œuvre écrite de Macé tout ce qui intéresse l'enseignement et l'éducation. Dans le *Magasin d'éducation*, dont il a été pendant quelques années le collaborateur assidu, nombre d'articles, sous une forme humoristique et de fantaisie, — par exemple, les *Animaux de Paris*, l'*Histoire d'un grain de blé*, — jettent toujours quelque pensée instructive dans un cadre amusant, et mêlent l'enseignement à la fantaisie (1). Combien de réflexions pédagogiques n'y aurait-il pas aussi à emprunter aux innombrables conférences du président de la Ligue de l'enseignement? Les discours qu'il a prononcés dans les congrès de la Ligue, quand il lui faisait faire son « tour de France », sont autant de leçons d'éducation, qui rappellent celles que Pestalozzi adressait chaque année à sa maison. Elles sont toujours empreintes de cet esprit de sagesse et de bon sens qui le distinguait entre tous. Si l'on voulait d'ailleurs résumer d'un mot les tendances de la pédagogie de Macé, on pourrait dire que son but essentiel était d' « apprendre à penser ». Il se plaignait de l'abus des études grammaticales; il demandait qu'on fît, dans l'école, plus de place à l'histoire, aux sciences, à tout ce qui apprend à juger et à raisonner. De sorte que la conclusion de sa pédagogie rejoint d'avance les intentions qui l'ont dirigé dans sa vie active, lorsqu'il consacrera ses trente dernières années à déterminer dans toute la France un mouvement universel en

(1) Signalons encore quelques ouvrages d'éducation publiés à part : le *Premier livre du petit enfant*, 1869; la *Grammaire de mademoiselle Lili*, 1878; *La France avant les Français*, 1880.

faveur de l'instruction populaire, et qu'il lui assignera pour but l'accomplissement de ce programme : « Faire agir librement ceux qui savent pour faire penser ceux qui ne savent pas. »

III

Quel que soit le mérite des écrits de Macé, sa
grande œuvre n'en est pas moins la création de la
« Ligue française de l'enseignement », cette belle
association nationale d'éducation, dont il a eu l'idée,
qu'il a inspirée, dirigée, qu'il a menée au succès,
à travers tant d'obstacles ; qui, depuis quarante
ans bientôt, a exercé sur le développement de
l'instruction primaire dans notre pays une influence incontestable ; et qu'on a appelée avec
raison « la fille immortelle de Macé ».

Il n'a pas agi seulement par la plume : il a été par
la parole le propagateur ardent et infatigable de
l'idée de l'obligation scolaire et des autres principes
sur lesquels repose désormais la législation de l'école
démocratique. Il a eu plus et mieux que des lecteurs : il a suscité autour de lui des disciples ani-
més de son esprit, qui ont travaillé, à son exemple
et sous son inspiration, à l'affranchissement intel-
lectuel de la nation. Il a occupé pendant quarante-
trois ans une modeste chaire d'enseignement privé,
où il a formé l'esprit et le cœur de quelques
milliers de jeunes filles ; mais, ce qui est autrement important, il a fait lever, sur tout le territoire
de la France, des légions de professeurs volontaires pour l'éducation du peuple tout entier.

Dans cet effort immense qui a commencé dès

l'année 1864 (1), Macé a révélé des qualités de premier ordre, qualités d'énergie autant que de savoir-faire. Il lui a fallu lutter contre l'intolérance et le mauvais vouloir des adversaires, et, ce qui est peut-être plus difficile encore, contre l'inertie des amis. Il a éveillé des bonnes volontés qui s'ignoraient. Il a montré enfin ce que peut un homme, quand il a de l'initiative et du courage. « L'impossible, disait-il fortement, l'impossible, c'est ce qu'on ne veut pas... L'action est facile, dès qu'on agit. »

Il n'était pas de ceux qui trouvent dans la difficulté d'agir un prétexte pour ne rien faire. Certes, c'était chose hardie que d'oser ce qu'il osait, sous un gouvernement hostile à toute pensée de liberté, en face de l'Église toute puissante. Il s'agissait de constituer une société de libres esprits, avides de lumière et de progrès, en leur donnant pour mot d'ordre cette maxime du suédois Silgenstroen : « Il faut trouver le moyen d'obtenir que le plus grand nombre possible de citoyens deviennent des êtres pensants. » Macé ne se dissimulait aucune des difficultés qui l'attendaient. Il n'en alla pas moins bravement de l'avant, estimant que les bons citoyens ne doivent jamais se décourager. Qu'un Taine, persécuté par l'Empire, s'absorbe dans sa superbe indifférence, qu'il s'enferme dans sa tour d'ivoire, se résigne et se dérobe, qu'il ne lise plus les journaux, qu'il s'abstienne de toute action, laissant couler le flot des événements sans essayer de résister au courant : c'est sans doute une attitude qui ne manque pas de dignité, et qui,

(1) Dans son livre sur *les Origines de la Ligue*, Macé fait remonter jusqu'à 1861 la date de ses premières tentatives.

d'ailleurs, par le recueillement qu'elle assure au penseur, profite à la littérature ou à la science. Mais combien plus beau pourtant le rôle d'un Macé, qui, prudemment et discrètement, s'ingénie à préparer pour son pays un meilleur avenir, qui ne renonce jamais à la lutte, qui réussit à obtenir d'un pouvoir ombrageux qu'il laisse passer, sans trop s'y opposer, une entreprise d'éducation populaire; qui estime enfin qu'il convient d'user du peu de liberté qui reste pour ouvrir les voies à une liberté entière, et que le plus petit progrès n'est pas chose indifférente parce qu'il est la condition d'un progrès plus grand! « Quand on veut travailler pour son pays, disait-il, il faut le prendre tel qu'il est. »

Ce n'est pas seulement la force de sa foi démocratique qui devait assurer le succès des efforts de Macé : « Ce qui restera de lui, — disait Challemel-Lacour, lorsqu'il lui rendait hommage comme Président du Sénat, — ce sera d'avoir donné l'exemple d'une volonté que nulle difficulté ne lassait, que nul obstacle ne pouvait décourager. » Cela n'aurait point suffi pourtant, sans une très rare habileté. On n'exagèrera pas, si l'on dit que Macé possédait ce qu'on pourrait appeler « le génie du groupement ». Avec sa bonhomie familière, son franc sourire, ses saillies spirituelles, son caractère droit et ferme, il était un merveilleux recruteur d'âmes. Par sa chaleur communicative, par sa conviction ardente, il savait rallier les cœurs. Par sa précision d'esprit, par la netteté de ses conceptions, il entraînait les intelligences, en leur montrant vivement le but à poursuivre. Par la continuité de son action persévérante, par son obstination qui allait jusqu'à l'entêtement, et aussi par le respect qu'il professait pour la liberté de ses collaborateurs, il s'attachait pour toujours ses amis, et les maintenait dans les voies où il les avait engagés.

Ajoutons qu'à ces qualités naturelles qui font le conducteur d'hommes, Macé joignait aussi une expérience acquise, qui datait de loin, puisqu'il l'avait gagnée sous la Révolution de février. Dès cette époque, il avait fait son apprentissage d'organisateur et de propagandiste. L'œuvre de la *Propagande socialiste*, qu'il dirigea à Paris de novembre 1849 au 13 juin 1850, fut comme le premier essai de la grande propagande pour la Ligue de l'enseignement. « Je fis là, dit-il, mes débuts dans le métier d'organisateur. » Il apprit à envoyer des appels, à faire circuler des listes de souscription. En quelques mois, il parvint à distribuer en province deux à trois mille journaux (1). Il mettait les provinciaux résidant à Paris en communication avec leurs départements d'origine; de même que plus tard, par un mouvement analogue, mais en sens inverse, il rattachera les cercles locaux de la Ligue, disséminés en province, à un siège central, qui fut d'abord Beblenheim, ensuite Paris. L'esprit dans lequel fut conçue la Ligue se dessinait déjà dans la propagande de 1849. De même, une année plus tard, lorsque Macé courait la France pendant huit mois, à pied le plus souvent, pour trouver des abonnés et des correspondants à son journal, on

---

(1) L'œuvre de la *Propagande socialiste* consistait à recueillir les journaux parisiens de la veille, une fois lus par leurs acheteurs parisiens, pour les répandre en province.

peut bien dire que cet émissaire de la *République*
annonçait le futur président de la Ligue, lorsqu'il
ira de ville en ville, comme a fait Horace Mann en
Amérique, haranguer en quelques mois plus de
cent auditoires et leur prêcher la nécessité de
l'instruction.

Avant de songer à la Ligue, Macé avait d'ailleurs
préludé à sa grande entreprise par une œuvre plus
modeste, mais qui n'en avait pas moins une
grande importance. A la fin du mois de décembre
1862, un homme se présentait à la mairie de
Beblenheim, avec un paquet de livres sous le bras.
Cet homme c'était Jean Macé, qui inaugurait
l'œuvre des bibliothèques populaires du Haut-
Rhin. Macé attachait une importance capitale à
la fondation des bibliothèques. Son rêve était qu'à
côté de chaque école on installât une *librairie*,
et qu'on la garnît d'ouvrages utiles, non pas pour
les laisser inutilement entassés sur des rayons,
mais pour les faire circuler sans cesse et passer des
mains des enfants aux mains des parents. Ces deux
pensées se confondaient dans son esprit : avoir l'é-
cole, pour que tout le monde y apprenne à lire, avoir
la bibliothèque, pour qu'elle ouvre ses trésors à
ceux qui ont appris à lire. Il le disait bien finement :
« Le complément de l'école, c'est la bibliothèque.
La première est la clef de la maison, mais l'autre
est la maison. Avoir la clef sans la maison, ce
n'est pas précisément être bien logé... » Le succès
couronna tout de suite cette première entreprise.
Au bout d'un an d'existence, la *Société des bibliothèques du Haut-Rhin* comptait déjà 813 adhé-

(1) Voyez l'ouvrage intitulé *Morale en action, mouvement de pro-*

rents, protestants ou catholiques, pauvres ouvriers
ou industriels millionnaires. En 1866, le Haut-Rhin
- possédait quatre-vingts bibliothèques populaires.

Macé n'a jamais perdu de vue la question des
bibliothèques, il y revenait encore en 1884, dans un
des congrès de la Ligue. Peut-être ne l'a-t-on pas
suffisamment écouté et suivi sur ce point. Certes
les conférences, les cours ont leur grande utilité.
Mais les conférences passent, la bibliothèque
reste. Les cours, quelque talent qu'y déploient
ceux qui s'en chargent, ne peuvent laisser qu'une
impression vague, confuse, dans les esprits des
auditeurs. La conférence et le cours, à vrai dire,
ne devraient être qu'une excitation préliminaire à
fréquenter la salle de lecture, où l'on trouve à
demeure le livre, instrument précieux de réflexion
prolongée et de travail personnel.

Encouragé par ce premier succès, Macé aborda
enfin l'entreprise, autrement délicate, qui devait
mettre en mouvement, non plus un seul départe-
ment, mais la France entière ; et, dont le programme élargi, ne comprenant plus seulement la
création spéciale des bibliothèques populaires,
invitait les bons citoyens à seconder le développement de l'instruction par tous les moyens. Le
25 octobre 1866, un premier appel paraissait dans
les colonnes du journal l'*Opinion nationale*. Macé
y demandait qu' « une coalition s'organisât, dans
tous les départements, entre tous les hommes de
bonne volonté, qui ne demandent qu'à travailler à

<hr>

pagande intellectuelle en Alsace, par J. M., secrétaire de la Société
des bibliothèques communales du Haut-Rhin, 1865. Macé y a
réuni tous les documents relatifs à cette première tentative.

l'enseignement du peuple ». Le 15 novembre, nouvel article dans le même journal : l'entrée en campagne était commencée. Et le 15 décembre paraissait le premier bulletin de la Ligue, déjà un bulletin de victoire.

Dans ces manifestes de la première heure, le but était déjà indiqué, — avec les réserves et les précautions que commandaient les circonstances. — Les espérances s'avouaient franchement. A côté de l'enseignement officiel, il s'agissait d'instituer, par l'initiative privée, l'enseignement des volontaires de l'instruction. « Pourquoi, puisqu'on parle de remanier notre système militaire, pourquoi, à côté de l'armée régulière, ne chercherions-nous pas à organiser aussi la *landwehr* de l'enseignement? » Et sans savoir encore ce que ferait la Ligue, une fois constituée, Macé lui prédisait avec enthousiasme un brillant avenir : « Quand les settlers américains s'en vont droit devant eux à la recherche d'un établissement dans le Far-West, savent-ils toujours où et comment ils le feront? Ce qu'ils savent, c'est qu'ils sont des hommes, et qu'il y a de la terre à défricher là-bas. Allez voir dix ans après à l'endroit où ils se sont arrêtés. Vous y trouverez une ville, dont il est bien certain qu'ils n'avaient pas le plan dans leur poche quand ils sont partis. Elle est faite pourtant... Ainsi se fera notre Ligue, si nous sommes des hommes. »

La prédiction de Macé s'est accomplie. La Ligue, partie des commencements les plus humbles, est devenue une puissance, une force nationale, une sorte de gouvernement officieux et libre, un ministère hors cadre de l'instruction primaire. Un de ses adversaires, M. Georges Goyau, disait très justement : « La Ligue est comme le comité d'initiative où l'État enseignant vient s'instruire (1). »

Le point de départ fut des plus modestes. « Les grandes institutions, comme la vôtre, disait Gambetta, au Trocadéro, en 1881, sont nées dans les couches les plus humbles et les plus souffrantes de la société, comme si ces entreprises, appelées à un si grand avenir, avaient besoin de partir de si bas pour s'élever aussi haut. » Macé a souvent raconté la touchante histoire des premiers débuts, notamment dans l'introduction du gros livre de 600 pages, *Les origines de la Ligue de l'enseignement*, qu'il publia en 1891, et qui contient « le dossier de la Ligue », de 1861 à 1891. A son appel répondirent tout de suite trois citoyens, dont les noms méritent d'être retenus, trois humbles, trois petits, trois hommes du peuple, qui, précisément parce qu'ils n'appartenaient pas à la société éclairée, sentaient mieux que d'autres le prix de l'instruction : un tailleur de pierres, Jean Petit ; un conducteur de trains du chemin de fer de Lyon, Antoine Mamy ; enfin, un sergent de ville, Larmier. Cette dernière adhésion toucha particulièrement Macé. « Un sergent de ville dans nos rangs, s'écriait-il joyeusement : on ne pourra pas crier à l'opposition ! » Les fondateurs de la Ligue étaient donc quatre, en y comprenant Macé. La Ligue compte aujourd'hui 2787 sociétés affiliées, ce qui représente environ deux millions d'adhérents (2). Quelques mois après sa

(1) Georges Goyau, *L'école d'aujourd'hui*, Paris, 1899. Voyez tout le chapitre VIII.

(2) Voyez le *Bulletin de la Ligue*, de juin 1902, notamment p. 218.

constitution, en 1867, Macé avait déjà recruté 5 000 associés. Le 15 février 1870, il y en avait 17 856. Les progrès furent donc rapides. Et sans qu'elle soit devenue très riche, la Ligue qui avait commencé avec un capital de 15 francs, les trois pièces de cent sous de Petit, de Mamy et de Larmièr, — elles ont fait des petits, — la Ligue a trouvé sur sa route quelques bienfaiteurs généreux. Le Cercle parisien, en 1901, possède à lui seul un actif de 1 437 730 francs (1).

Comment l'idée de la Ligue s'est-elle développée dans l'esprit de Macé? On a dit qu'il l'avait empruntée à la Belgique, où une association analogue avait vu le jour en 1865. Macé alla, en effet, en septembre 1866, assister, à Liège, au deuxième congrès tenu par la Ligue belge. Mais, comme il l'a déclaré lui-même, « ce n'est pas de la Belgique qu'il a rapportée son idée, c'est au contraire cette idée préconçue qui l'y a fait aller ». Il n'est pas téméraire d'affirmer qu'elle avait commencé à poindre dans son esprit dès 1848, du jour où il avait eu le sentiment profond de la nécessité d'éclairer les électeurs français. La longue abdication de la souveraineté populaire devant la dictature impériale, les défaillances et les chutes du suffrage universel, ne pouvaient que l'affermir dans son désir de combattre l'ignorance. Il n'y avait plus qu'à en chercher les moyens.

Il est à remarquer que la Ligue est née en province ; — je sais bien qu'il faut ajouter qu'elle y est née dans le cerveau d'un Parisien. Ce n'est pourtant

---

(1) Voyez le *compte rendu* des travaux de l'année 1901, p. 323.

G. COMPAYRÉ. — *Jean Macé.* 4

pas un paradoxe de soutenir que la vie en province, surtout dans une des provinces de France les plus actives, les plus démocratiques, à deux pas de l'Allemagne, a été une circonstance favorable à l'éclosion des projets de Macé. Il était de ceux qui croient, — et qui le prouvent, — qu'on peut travailler et penser hors de la capitale. « Le calme d'esprit, les longs loisirs, la vue des arbres, compensent et au-delà cette excitation fébrile que Paris imprime à l'esprit. » Mais en outre le provincial, celui particulièrement qui habite en pleine campagne, — se rapproche plus aisément du peuple, parce qu'il vit au milieu de lui. Il en découvre mieux les aspirations et les besoins. L'âme naturellement démocratique de Macé se fortifia donc encore, dans son amour pour le peuple, au contact journalier de ses compatriotes d'Alsace. Il lui était donné d'y assister à des fêtes populaires qui le ravissaient, et qui exaltaient sa foi dans l'avenir de la démocratie. En voici un exemple. En 1864, il avait été invité à une grande réunion d'orphéons et de sociétés chorales qui se tenait à Rouffach ; il en rapporta un souvenir attendri : « J'ai plaisir, écrivait-il, à me reporter aux impressions de cette journée. Cette ville pavoisée de fleurs et de guirlandes, devenue presque une grande ville pour un jour, cette population joyeuse et calme, pleine de dignité dans sa joie, ce cortège aux mille bannières où les quatre gendarmes du canton ne figuraient que comme ornement, cette complaisance des uns et des autres, ce respect mutuel et je ne sais quel air de fraternité universelle qu'on respirait partout : tout cela témoignait d'un grand progrès accompli, et je rêvais malgré moi pour toute la France des fêtes comme celle-là, de ces fêtes que le peuple se donne à lui-même... » C'est au retour de journées ainsi passées au milieu d'une foule heureuse, réjouie et ennoblie par un certain sentiment de l'art, de l'art musical tout au moins, qui, partout où il pénètre, amène avec lui le progrès social; c'est dans les rêveries sentimentales inspirées par ces spectacles que le fondateur de la Ligue s'éveillait peu à peu en Macé.

L'Alsace a été son inspiratrice : « Nous sommes mal placés en Alsace, écrivait-il, pour endurer patiemment le sommeil de l'initiative dans notre pays. » C'est à l'Alsace que nous devons en partie Macé, et ce n'est pas sans émotion qu'il nous faut aller maintenant chercher sur la carte d'Allemagne les noms de ces villes et de ces villages si français, où se sont produites, sous son impulsion, les premières manifestations de la Ligue : Metz et le cercle messin, le premier en date, fondé par le professeur Vacca sous les foudres de l'évêché, Mulhouse et ses cours populaires, Dornach et l'inauguration des bibliothèques communales, Guebwiller et ses conférences.

Le voisinage de l'Allemagne a eu aussi quelque influence sur les premières tentatives de Macé. L'exemple de notre puissante voisine excitait en lui une sorte d'émulation. Certes, il n'est pas besoin de dire quels sentiments le patriote qu'il était voua pour toujours, après 1870, à l'Allemagne victorieuse et spoliatrice. Mais, avant la guerre, son attitude était plutôt celle d'un admirateur et d'un ami. Il connaissait, mieux que personne en

France, le grand essor dont il suivait anxieusement le progrès, le regard tourné vers l'autre côté du Rhin. Dès 1862, ayant le sentiment de la grandeur intellectuelle de l'Allemagne, il disait : « Dans l'art, dans la science, dans l'histoire, dans la philosophie, les Allemands ont fouillé toutes les questions... Depuis trente ans au moins, ils nous ont devancés, sans que nous le sachions assez. Ils ont fait descendre dans les couches inférieures du peuple des flots de connaissances, qui feraient monter le rouge au front d'un Français s'il voulait essayer la comparaison... » Et après avoir constaté ces progrès, souffrant de la diminution des forces morales de notre pays, souffrant aussi « des mépris intelligents » qu'il recevait de première main de nos voisins, il sentait grandir encore son ardeur patriotique pour le relèvement de la France. C'est l'Alsace qui, à ses yeux, devait en être le point de départ. « L'Alsace, française par le cœur, allemande par le reste, est le trait d'union indiqué entre deux grandes races qui marchent au premier rang de la civilisation, et qui se regardent de travers par-dessus les rives de leur fleuve... » Il comptait sur l'Alsace comme sur une intermédiaire naturelle qui ferait passer en France quelque chose de l'esprit allemand. Il ne se doutait pas que, quelques années plus tard, elle serait le premier théâtre de la guerre et le chemin ouvert à l'invasion.

IV

Le but de la Ligue, dans l'ensemble de ses aspirations, dans la poursuite d'une éducation républicaine, Macé l'avait certainement conçu dès le premier jour. Mais, sous le régime impérial il ne pouvait songer à l'exposer, à le dévoiler tout entier. Comme le lui disait Gambetta : « Il lui fallait compter avec un pouvoir dont le despotisme ne permettait pas à la sincérité de son âme d'éclater au grand jour. » Il fallait soigneusement dissimuler toute pensée politique et se cantonner dans l'enseignement des « connaissances utiles ».

Aussi le programme d'action fut-il d'abord des plus modestes. C'est sous la République seulement qu'il s'élargira jusqu'à embrasser tous les principes, toutes les formes de l'instruction du peuple. Voici comment étaient rédigés les deux premiers articles du projet de statuts que Macé adressa à tous ses correspondants, le 1er novembre 1867, dès qu'il put compter sur un nombre suffisant d'adhérents :

« ART. I. — La Ligue de l'enseignement a pour but de provoquer par toute la France l'initiative individuelle au profit du développement de l'instruction publique.

« ART. II. — Son œuvre consiste : 1° à fonder des bibliothèques et des cours publics pour les adultes,

4.

des écoles pour les enfants, là où le besoin s'en fera sentir ; 2° à soutenir et faire prospérer davantage les institutions de ce genre qui existent déjà. »

Macé ne disait pas tout : il savait que la Ligue, pour avoir le droit de vivre, devait se montrer discrète et réservée, que les prohibitions du gouvernement la guettaient à sa première imprudence. Il fallait, comme il l'a dit plus tard, « se faire petit pour passer par un petit trou ». Au fond, cependant, ce n'était rien moins qu'une campagne en faveur de l'instruction obligatoire, gratuite et laïque, que Macé entreprenait dans l'ombre, en attendant que la liberté reconquise lui permît de la continuer ouvertement.

Assurément les idées de gratuité et d'obligation, de laïcité, n'étaient pas chose nouvelle : elles dataient de la première Révolution, elles avaient été reprises en 1848. Mais Macé a eu le mérite de les rajeunir, de les soutenir avec éclat et d'en préparer l'application pratique.

On sait avec quelle force incisive d'argumentation Edgar Quinet, dès 1850, dans son beau livre l'*Enseignement du peuple*, avait démontré la nécessité de laïciser, de séculariser l'instruction primaire. C'est à lui qu'il faudra toujours en revenir pour trouver l'exposé le plus saisissant qui ait été fait des contradictions, des incohérences où se perdait l'ancien système, quand il chargeait l'instituteur de l'enseignement de la religion. « L'instituteur laïque, en intervenant dans l'Église, y fait entrer l'hérésie : le prêtre, en intervenant dans l'école y fait entrer la servitude. Que faut-il donc faire ? Les séparer... » Et tant d'autres paroles décisives, qui font autorité dans une question désormais tranchée.

Macé n'est pas moins catégorique. Le mot de laïcité, il est vrai, ne lui plaît guère. « Il ne me satisfait qu'à demi, disait-il : Veuillot n'est-il pas un laïque ?... » Il eût préféré, le trouvant plus expressif, le mot anglais et américain, *unsectarian*, « non confessionnel ». Mais sur le principe même, il n'hésite pas, et il se prononce avec autant d'énergie que de sagesse. Il veut l'école indépendante et neutre, libre de toute attache religieuse. Il voit dans la laïcité la conséquence naturelle, nécessaire, de l'obligation scolaire, la consécration du principe de la liberté de conscience dans l'enseignement ; il s'indigne que Thiers ait pu dire, en 1850, à ce qu'on raconte : « Ce pays ne se tirera d'affaire que si l'école se fait dans la sacristie ». Tantôt avec une gravité éloquente, tantôt avec une verve railleuse, il démasque tout ce qu'il y a de vide, de faux et parfois d'hypocrite, dans les arguments des adversaires de l'école laïque. Au fond ce que « les dévots enragés qui mettent Dieu à toute sauce » reprochent à l'enseignement laïque, ce n'est pas qu'il attaque la religion c'est qu'il menace et combat la domination de l'Église.

Macé s'est particulièrement expliqué sur ce sujet, dans une des courtes brochures qu'il publia, en 1872 et 1873, sous ce titre général, les *Idées de Jean-François* (1). Le premier de ces petits pamphlets qui, par le ton et la vivacité, rappellent ceux de Paul-Louis Courier, est intitulé *la Séparation de*

---

(1) *Jean-François* Adolphe étaient les prénoms de Macé.

l'Église et de l'école. Jamais on n'a mieux défendu la cause de l'esprit laïque contre l'esprit sectaire, ni mieux défini la neutralité, la laïcité de l'école. « Par laïcité j'entends, disait-il, la science dans l'école, et l'instruction religieuse à l'Église (1). » L'école neutre ne sera pas athée, d'abord, parce que la lecture et l'écriture ne sont pas de l'athéisme et ne le seront jamais, parce que l'alphabet n'a rien à voir avec l'existence de Dieu. Elle ne le sera pas surtout, parce que l'instituteur, s'il n'y enseigne plus le catéchisme, se gardera du moins de toute parole offensante qui pourrait blesser la conscience religieuse de ses élèves.

Près de trente ans après que la brochure de Macé a été écrite, nous restons, quant à nous, d'accord avec lui. Nous pensons, comme lui, que la neutralité de l'école ne doit pas être un vain mot ; qu'il convient de l'entendre dans son sens le plus strict ; que si elle interdit l'adhésion à un dogme quelconque, elle n'autorise pas pour cela l'attaque et la polémique ; qu'aucun acte, qu'aucune parole de l'instituteur, quand il est en présence de ses élèves, ne doit contredire et contrarier la volonté libre de ceux qui, dans la famille ou dans l'Église, parents ou ministres des cultes, désirent inculquer aux enfants des croyances religieuses qu'ils croient être la vérité. Non, que nous

____

(1) Voyez encore cette déclaration : « C'est l'enseignement confessionnel seulement qu'il s'agit de renvoyer à l'Église. Quant à ce fonds commun de religion universelle qui s'impose à tous et qu'élargissent d'âge en âge les progrès de la conscience humaine, il ne saurait être bon certainement de le rayer du programme de nos écoles : elles pécheraient par la base, si la conscience des enfants n'y était pas l'objet de la même sollicitude que leur intelligence et leur raison... »

n'ayons pas à assister à ce spectacle pénible d'un enfant qui, le matin, aura appris des lèvres de sa mère à répéter naïvement une prière quelconque, et qui, quelques instants après, entré à l'école, y entendra son maître bafouer publiquement la prière ; ni à celui d'un écolier pieux, qui, par la volonté de ses parents, vient de faire sa première communion, et qui, tout ému encore de l'acte religieux qu'il a accompli dans la sincérité de sa foi, aura à écouter les diatribes d'un instituteur, ridiculisant les cérémonies du culte. Le respect de la conscience de l'enfant est le premier devoir de l'éducateur. N'enseignons pas la religion dans l'école, — cela est juste, cela est nécessaire, — pas même la religion naturelle ; biffons, si l'on veut, du programme de l'enseignement de la morale le chapitre des devoirs envers Dieu ; mais ne sortons pas de notre rôle, en décriant ce que nous n'enseignons pas, en devenant des professeurs d'irreligion...

Il y avait, dans l'âme pourtant ardente et ferme de Macé, des retours de timidité, de prudence excessive. On en eut la preuve au Sénat, en 1886, lors de la discussion de la loi organique de l'enseignement primaire. Macé, d'ailleurs, ne prit pas à cette délibération la part active qui eût convenu à l'initiateur des réformes scolaires qu'il s'agissait précisément de sanctionner par la loi. Membre de la commission sénatoriale qui avait mission de l'examiner, il assista modestement au triomphe de sa cause. Une seule fois, il intervint dans les débats ; et ce fut, non sans causer quelque étonnement à ses amis, pour combattre l'article 18 de la loi, celui qui déterminait dans quels délais le personnel laïque devrait remplacer le personnel congréganiste des écoles publiques. Macé s'effrayait d'une disposition qui, d'après lui, pouvait compromettre le succès de l'école républicaine en l'imposant prématurément à des communes qui n'en voulaient pas. Il demandait que le gouvernement ne se liât pas les mains par une disposition légale et impérative ; et qu'il restât maître d'apprécier, d'après les circonstances, le moment favorable à la laïcisation d'une école. « Depuis quinze ans, disait-il, que je parcours la France pour prêcher l'école républicaine, j'ai été en contact avec le peuple, partout où j'ai passé. » Et fort de son expérience laborieusement acquise, il croyait devoir signaler les inconvénients, les dangers, qui résulteraient pour l'instituteur laïque et pour son école, d'une installation prématurée dans un milieu hostile. Qu'arrivera-t-il, disait-il, si dans un village la population préfère l'école congréganiste? C'est qu'on ouvrira une école privée qui prospérera, tandis que l'école publique végétera, sans élèves, au milieu des suspicions et des haines. « Vous êtes dans la position d'un homme en face d'un fossé. Il sent que, s'il saute, il tombera dedans... Il dit à ses amis : « Poussez-moi ». M. le Ministre nous dit : « Il n'y a pas de danger. Poussez-moi ». Et moi, je dis : « Casse-cou !... »

Macé oubliait ce jour-là qu'une certaine coercition est nécessaire pour faire passer les lois dans les mœurs ; qu'on se résignerait à attendre longtemps, si l'on comptait sur la seule bonne volonté des individus pour réaliser un progrès ; que le peuple ignorant n'aspire pas de lui-même à l'instruction, et qu'il faut savoir la lui imposer ; qu'enfin le vrai moyen de développer l'école laïque, c'est de la créer même sur un terrain ingrat, en lui donnant ainsi le moyen de faire ses preuves et de conquérir peu à peu les sympathies des populations. Macé, d'ailleurs, avait dans sa vie donné trop de preuves de courage et de hardiesse, pour que l'on ne dût pas excuser chez lui une timidité passagère. Qu'aurait-il répondu lui-même, en 1866, lorsque, sans ressources, sans crédit, il fondait la Ligue, si on lui eût objecté la témérité apparente de son projet? La Ligue a commencé avec trois adhérents : de même, mainte école laïque, qui a débuté avec quatre ou cinq élèves, en a recruté peu à peu plus de cent.

La laïcité, dans les conceptions de Macé, ne vient qu'au second plan, après l'obligation (1). Dans les appels adressés aux cercles, dans le pétitionnement organisé en 1869 et continué en 1871, il n'était question que de la gratuité et de l'obligation. La laïcité fut ajoutée après coup. C'est de l'obligation surtout que Macé est l'apôtre. Qui-

(1) Dans la question des laïcisations d'écoles, Macé commettait une erreur analogue à celle que nous avons signalée déjà dans ses vues sur le suffrage universel. Gambetta le lui faisait remarquer en 1881 : « En vous entendant réclamer l'instruction universelle comme un remède, presque comme un antidote du suffrage universel, je me demandais si vous n'alliez pas dépasser la légitime mesure : car le suffrage universel est un droit, avant d'être l'exercice légal et régulier de la raison cultivée... » Dans le même sens, Spuller écrivait : « On ne s'est pas trompé ; on n'a pas mis la charrue avant les bœufs. Le droit de suffrage, conséquence incontestable du principe de l'égalité, est passé à l'état de fait, et ce fait a produit à son tour la nécessité de l'instruction universelle des citoyens... » (*Histoire parlementaire de la seconde République*, p. 20.)

conque a étudié Quinet ne saurait hésiter dans la
question de la laïcité. De même, tout homme de
bonne foi, qui a lu Macé, ne peut avoir des doutes
sur la légitimité de l'obligation.

Macé a repris bien souvent ce sujet. Il l'avait
abordé dès 1861 et 1862, dans quelques articles de
l'*Industriel alsacien*. Il y est revenu en 1870,
reproduisant et complétant ces articles de journal
dans une brochure intitulée : *Lettre d'un paysan
d'Alsace à un sénateur.* C'était avant la chute de
l'Empire, quelques mois avant la déclaration de
guerre à l'Allemagne. La France recueillit ces
voix venues de la province qu'elle allait perdre, et
il est touchant de songer que les idées dont la
République allait faire son profit, quelques années
après, pour accomplir la grande réforme de l'enseignement primaire, lui ont été en quelque sorte
léguées par l'Alsace. Un premier pétitionnement
en faveur de l'instruction obligatoire, organisé à
Strasbourg, en 1870, par les soins de la Ligue,
avait réuni plus de 350 000 signatures.

Tout citoyen doit savoir lire, comme il doit porter les armes et payer l'impôt : ainsi parlait déjà
Duruy, dans l'exposé des motifs du fameux projet
de loi de 1865, qui n'eut, d'ailleurs, d'autre sanction que l'honneur éphémère d'une publication
dans les colonnes du *Moniteur Universel.*

Telle est aussi la pensée de Macé, et les com-

(1) L'obligation scolaire était déjà édictée dans les lois ou projets de loi de la Révolution française, notamment dans la loi du
19 décembre 1793. Cousin, en 1833, demandait une loi sur l'obligation. En 1848 le projet Carnot, retiré par Falloux, adoptait
aussi ce principe ; et en 1864, l'année même ou Macé se mettait
à l'œuvre, Jules Simon publiait l'*École* qui n'est qu'un plaidoyer
en faveur de l'obligation.

paraisons, les arguments, abondent sous sa plume pour démontrer sa thèse favorite. Il dira, par exemple : « Je suis bien le maître de ma voiture, n'est-ce pas? et s'il me plaît, la nuit, de la conduire à l'aveuglette, à travers les trous et les tas de pierres, au risque de la briser, il semblerait d'abord que je suis dans mon droit. Et pourtant on me force à allumer une lanterne ; si j'y manque, on ne se gêne pas pour me dresser procès-verbal. Et si je voulais m'en plaindre aux camarades, ils me donneraient tort, parce qu'il ne s'agit pas seulement de ma voiture à moi, mais qu'elle peut rencontrer du monde sur la route, écraser un enfant, ou briser la voiture du voisin qui ne serait pas content. Pourquoi donc vous faire scrupule de forcer les négligents d'allumer aussi la lanterne dans la tête de leurs enfants? Croyez-vous que nous n'y soyons pas tous aussi intéressés, et que ces têtes où il fait noir ne puissent rien briser plus tard?... »

Et ailleurs : « Forcez les parents à envoyer leurs enfants à l'école; on me force bien moi à écheniller mes arbres au printemps... »

A tous les rabachages à la mode sur la prétendue violation des droits du père de famille, Macé répondait vertement : « Ce sont des phrases »; et allant au fond des choses, il posait, hardiment, ce principe gros de conséquences : « Ce n'est pas le fils qui appartient au père, c'est le père qui appartient à l'enfant ». Oui, le père, puisqu'il a appelé l'enfant à la vie, lui doit l'éducation autant que la nourriture; il lui doit tout ce qui est nécessaire à sa vie morale comme à sa vie physique. Si la loi est juste, quand elle oblige les parents à entretenir matériellement leurs enfants, pourquoi une autre loi n'interviendrait-elle pas aussi justement, qui les force à les instruire et à les élever? « L'âme, elle aussi, demande à être habillée et nourrie. » Ces principes ne sont plus discutables aujourd'hui; mais Macé est un de ceux qui ont le plus contribué à les accréditer, et à transformer en vérité banale une opinion qui de son temps était encore contestée avec violence.

Une fois la théorie établie, Macé en réclamait l'application stricte et rigoureuse. « Je les vois de ma porte, disait-il, traînant sur la route tout le long du jour, les petits enfants de Beblenheim qui ne vont pas à l'école... Mettez-moi la main sur ces petits coureurs, et envoyez-les moi tambour battant à l'école... » Et ailleurs : « Cette marmaille qui court les rues, c'est de la graine de souverain... Faites-moi une bonne conscription d'école, et que le sergent de police ramène par l'oreille l'écolier réfractaire. » On ne saurait prétendre que les débonnaires et inertes commissions scolaires, instituées par la loi du 28 mars 1882, aient donné sur ce point entière satisfaction au vœu de Macé (1).

Ce qu'il voulait avant tout, c'était faire des citoyens et des électeurs républicains, et procéder par l'instruction à ce qu'il appelait « l'apprentissage électoral », plus nécessaire qu'aucun autre dans une grande démocratie. Il est permis de penser que ce point de vue, exclusivement civique, était un peu

(1) On lisait ces jours-ci dans les journaux : « Le parquet de Rouen vient de prescrire aux agents de police de conduire au commissariat les enfants qu'ils rencontrent dans les rues, pendant les heures de classe. » Macé eût applaudi des deux mains.

étroit, et que c'est rabaisser l'instruction que la recommander seulement pour son utilité politique. Nous aimerions que Macé l'eut envisagée aussi dans sa portée morale, comme principe de la dignité de la personne humaine, et aussi dans ses conséquences sur le bonheur des individus. Mais la préoccupation de l'éducation politique du peuple souverain, chez le témoin attristé de l'Empire, l'emportait sur toute autre considération. Dans la dernière des petites brochures qu'il publia en 1873, sous le titre d'*Idées de Jean-François*, alors qu'on pouvait craindre un retour offensif de l'esprit de réaction, il s'adressait en ces termes à ses concitoyens : « Allons, Jacques Bonhomme, mon ami, puisque tu te dis roi et que tu veux la république, allons, haut la tête et la poitrine en avant! Apprends ton métier de roi et de républicain : c'est le même. Un peuple républicain est un peuple roi. Apprends à considérer les affaires publiques comme affaires qui te regardent, comme affaires personnelles, dont il est insensé de se désintéresser. Apprends la loi qui doit te régir et que tu ignores trop souvent. Apprends à la respecter d'abord, ensuite à la faire respecter (1). »

L'obligation scolaire ne va pas sans la gratuité : cela n'est plus à démontrer. Macé n'hésita pas à l'inscrire dans la pétition en faveur de l'instruction obligatoire. Il n'avait pourtant pas beaucoup de goût pour l'extension de la gratuité à toutes choses. « Dans les campagnes, disait-il, ce qui est entièrement gratuit est vu avec indifférence. » Et c'est

---

(1) *Les idées de Jean-François*, septième fascicule, intitulé : *Jacques Bonhomme à ses députés. La France à Jacques Bonhomm* .

pour cette raison qu'il faisait payer cinq centimes,
par volume prêté, aux lecteurs des bibliothèques du
Haut-Rhin.

Il ne sert de rien d'arborer un beau drapeau pour
mener à bien une campagne. Il faut avoir aussi
des troupes nombreuses et fidèles à qui en confier
la garde. Macé a su les réunir, les maintenir com-
pactes, et toujours agissantes, autour de sa bannière.
La beauté et la grandeur de la fin qu'on se propose
ne dispense pas de l'habileté des moyens à em-
ployer pour l'atteindre. Sans doute la Ligue a
réussi, comme réussissent toutes les entreprises
opportunes, parce qu'elle est venue à son heure,
alors que l'Empire vieilli penchait vers son déclin,
et que les idées de liberté commençaient à se faire
jour de nouveau dans la conscience française. La
Ligue a profité de ce renouveau ; mais pourtant,
son rapide succès, la durée de son influence sans
cesse grandissante, elle les doit surtout à deux
causes dont tout l'honneur revient à Macé, à la
largeur de ses vues et à ses talents d'organisateur.
D'abord, il a fondé la Ligue sur un principe de
liberté, avec le ferme propos de respecter toujours et partout l'indépendance des membres qui
en faisaient partie. Ensuite, il lui a assigné un
programme d'action vaste et souple, qui, s'éten-
dant à toutes les questions d'éducation, a permis
à la Ligue de renouveler sans cesse, de varier
ses efforts, et, une tâche terminée, d'en commencer
une autre.

La Ligue, dans la pensée de son fondateur, ne
devait pas être, et elle n'a pas été en effet, une société centralisée, dominée par un bureau ou comité

directeur, liée par des règles impérieuses et uniformes. Il a voulu en faire, et il en a fait, une fédération de sociétés libres, unies par un lien moral. Il le disait en 1883 : « La Ligue est une vaste confédération nationale, sur laquelle personne ne pourra jamais mettre la main, parce que les groupes qui la composent demeurent tous indépendants dans leur action, et qu'elle n'a dans son programme qu'un article : *faire des hommes qui pensent, pour penser ensuite comme ils l'entendront...* » Macé savait bien que l'indépendance est la condition même de l'activité, et qu'on ne pouvait espérer des sociétés affiliées un effort sérieux et durable, que si on respectait leur autonomie, si on les laissait se gouverner elles-mêmes. En fait, la Ligue a débuté par la création des cercles locaux ; ce n'est que peu à peu qu'ils ont été rattachés à une direction centrale ; et cette direction d'ailleurs est demeurée un bureau d'informations, un comité de tutelle et de protection, plutôt qu'un pouvoir dirigeant et dominateur.

La Ligue a été une école de décentralisation. Macé redoutait les dangers que faisait courir à la France l'absorption dans la capitale de toutes les forces vives du pays. « Il y a quelque chose de trop en France : c'est Paris ! », osait s'écrier le provincial de Beblenheim. Il n'admettait pas qu'on abandonnât à Paris le monopole de la vie intellectuelle, et, s'adressant à la province, il lui disait : « Réveillez-vous, belle endormie ! Cela vous déplaît que la poste vous apporte vos opinions toutes faites. Eh bien ! faites les vous-même, et renvoyez-les au besoin au maître d'école dont vous êtes lasse. Il faudra bien qu'il vous écoute, quand vous aurez raison (1). »

« Des « activités personnelles », — selon l'expression dont se servait déjà le publiciste de 1848, — voilà ce qu'il faut à la Ligue : c'est par là qu'elle vivra. » Mais, ces activités personnelles, Macé n'eût pas réussi à les provoquer, et surtout à les maintenir, si en même temps qu'il leur concédait la liberté de leurs mouvements, il n'avait ouvert à leurs espérances, à leur puissance d'action, un champ de travail presque indéfini. Depuis trente ans, à combien d'œuvres scolaires diverses la Ligue n'a-t-elle pas attaché son nom, sous l'inspiration de Macé? Avec une admirable fécondité d'action, elle a su adapter ses forces, et appliquer ses ressources, selon les besoins du moment, aux nécessités successives que lui révélait la marche en avant de l'éducation de la démocratie. Après qu'elle eût obtenu l'adoption des lois scolaires, et que le gouvernement eût en quelque sorte pris la suite de ses affaires en établissant l'école obligatoire, on aurait pu croire que son rôle était fini. Mais Macé ne connaissait pas le repos. Presque chaque année, les congrès de la Ligue lui fournissaient l'occasion d'annoncer un nouvel élargissement de son programme. Les lois scolaires étaient votées, mais n'y avait-il pas à en surveiller l'application? Après qu'on avait pensé à l'enfant et à l'école élémentaire, ne devait-on pas se préoccuper de l'adulte et des conférences populaires? L'école était bâtie sur des

____

(1) Voyez, dans la *Morale en action*, un article, d'abord publié, en 1862, dans la *Revue d'Alsace : La décentralisation intellectuelle de la France.*

fondements solides, indestructibles : ne fallait-il pas cependant susciter autour d'elle pour la protéger, pour en assurer le développement, la garde d'honneur des associations amicales ? A l'instruction purement intellectuelle n'était-il pas nécessaire d'adjoindre l'instruction professionnelle, qui assure le succès pratique dans la vie ? Rien de ce qui intéresse l'éducation n'était étranger et indifférent à Macé. Ce n'est pas seulement l'écolier, l'apprenti qu'il entourait de sa sollicitude : c'était aussi le futur soldat. Dans une conférence faite à Chaumont, en 1883, il disait : « Le régiment finit ce que l'école commence. » Si, d'une part, il recommandait les cours d'adultes, pour continuer et développer l'instruction générale reçue à l'école, s'il les rêvait obligatoires, à intervalles réguliers, et voulait en faire quelque chose comme les « treize jours » ou les « vingt-huit » jours des écoliers ; d'autre part, il conviait les adolescents aux exercices physiques, à la gymnastique, au tir. Et quand ils arrivaient sous les drapeaux, Macé les y attendait encore, en leur ouvrant les bibliothèques régimentaires (1), dont l'établissement annonçait une autre institution analogue, que la Ligue a mise en honneur dans ces dernières années, les « foyers » ou les « maisons du soldat » (2).

On ne diminuera pas la gloire de Macé, en rappelant que, dans ses travaux et dans ses luttes, il a

(1) C'est M. Vauchez surtout qui a été l'organisateur des bibliothèques régimentaires, dès le mois d'août 1871. En 1873, on comptait déjà cent dix bibliothèques, munies de douze mille volumes.

(2) Ce mouvement continu, ce progrès incessant de l'action de la Ligue se manifeste de plus en plus. On en trouvera la preuve dans les concours qu'elle a ouverts en 1900, sur l'alcoolisme, sur l'enseignement ménager.

eu la bonne fortune de s'attacher des collaborateurs dignes de lui. Seul au début, quand il pouvait dire : « J'étais alors à moi seul le président, le trésorier, le garçon de bureau de la Ligue » ; il s'est vu très vite entouré d'hommes de cœur qui mêlèrent et confondirent leur énergie avec la sienne. Au premier rang, il faut citer M. Emmanuel Vauchez. « Si l'histoire est juste, disait Macé, à côté du nom qu'immortalisera la loi Ferry (la loi de 1882 sur l'obligation), elle gardera une place à celui d'Emmanuel Vauchez, de l'homme qui, pendant dix ans, a remué la France et préparé la victoire parlementaire du Ministre de la République (1). » Il ne laissait pas échapper une occasion de faire valoir les mérites de son collaborateur, de mettre en relief les services qu'il avait rendus à la Ligue, le grand rôle

(1) M. Emmanuel Vauchez est né en 1836. Il s'occupa d'abord de commerce, en Algérie, puis à Paris. Ouvrier de la première heure, il s'affilia à la Ligue dès 1866, et son nom est inscrit, avec le numéro 8, dans la liste des premiers adhérents. Il a joué un rôle important dans l'histoire de la Ligue, et il mériterait une étude spéciale. Aujourd'hui retiré aux Sables d'Olonne, il y continue avec une infatigable activité, sa vie de dévouement aux œuvres sociales. Fidèle à la méthode du pétitionnement, qui lui a si bien réussi dans la question de l'instruction obligatoire, il y a recours encore en de tout autres matières : il a pris récemment l'initiative d'une pétition adressée au Parlement, pour la revision de la loi du 30 novembre 1892 sur l'exercice de la médecine, en vue surtout des intérêts des « masseurs » et des « magnétiseurs ». Cette pétition a recueilli près de 200000 signatures. Le 1er juillet 1902, il a fondé un *Comité de solidarité républicaine*, pour venir en aide aux électeurs républicains qui seraient persécutés pour leurs opinions : — n'oublions pas que M. Vauchez habite la Vendée. — Ses publications sont nombreuses. Signalons un *Manuel d'instruction nationale*; une *Enquête sur la suppression des congrégations religieuses et la séparation des Églises et de l'État*; une brochure sur l'*Éducation morale*. M. Vauchez a pour doctrine ce qu'il appelle un « spiritualisme scientifique », tout pénétré de croyances idéalistes, et qui conclut à la pluralité des existences, un peu à la façon de Jean Reynaud, dans son livre jadis célèbre, *Terre et Ciel*.

qu'il avait joué dans le pétitionnement monstre de 1871-1872. Il rappelait que M. Vauchez, — dont Challemel-Lacour, au Sénat, disait qu'il était « le dévouement même »,—avait renoncé,en 1870, à une situation commerciale assez avantageuse, pour se consacrer tout entier au service de son pays, soit pour la défense du territoire, — il s'engagea comme volontaire en 1870, et fut caporal au 1er zouaves, comme Macé avait été caporal au 1er léger, — soit pour la diffusion de l'instruction, comme secrétaire du cercle parisien de la Ligue. Il se conformait d'avance à ces nobles paroles de son livre *la Terre* (1) : « Les créatures doivent s'unir dans la fraternité universelle, et les meilleurs et les plus savants ont le devoir d'entraîner le troupeau hostile et ignorant... »

M. Vauchez était digne des éloges que lui prodiguait son ami. Macé a eu souvent besoin de lui : d'abord de son aide matérielle, dont on aura une idée si l'on rappelle que, lors du pétitionnement pour l'obligation, M. Vauchez écrivit près de 7 000 lettres et expédia 80 000 circulaires. Mais combien plus encore Macé a-t-il profité de son concours moral? Les hommes du plus ferme caractère n'échappent point à certaines défaillances. Macé était parfois hésitant : M. Vauchez, avec sa foi robuste, intrépide et résolu, était là pour le réconforter. Il a été heureux pour Macé qu'il ait trouvé dans son entourage des hommes parfois plus audacieux qu'il ne l'était lui-même, et qui savaient au

______

(1) *La Terre*, gros ouvrage en deux volumes, où M. Vauchez fait preuve de beaucoup de science. Le titre exact est : *La Terre, évolution de la vie à sa surface ; son passé, son présent et son avenir.*

besoin relever son courage, l'exciter et le pousser en avant. Après les désastres de 1870, qui l'avaient atteint doublement dans ses intérêts personnels et dans son cœur de patriote, nous croyons savoir que Macé, abattu et désolé, hésitait à lancer la pétition pour l'obligation. Il craignait que le moment ne fût pas favorable ; il considérait que les esprits étaient démoralisés, découragés : bref, il redoutait un échec. Ce fut M. Vauchez qui, non sans rudesse, et après de vives discussions, persuada Macé et le décida à agir.

M. Vauchez était donc de ces disciples qui, à l'occasion, en remontrent au maître, et même le dirigent. Il était plus avancé d'idées que Macé, presque un jacobin, tandis que Macé demeurait un libéral, s'imaginant, comme les hommes de 1848, — il en était, — que la liberté suffit à tout. Il y eut entre eux des dissentiments, presque des ruptures, comme nous en avons vu éclater entre Pestalozzi et les plus chers de ses collaborateurs, Niederer ou Schmid. Mais ce n'étaient là que des nuages qui se dissipaient vite. Après la brouille passagère venait la réconciliation. Pestalozzi embrassait Niederer ou Schmid, et pleurait comme un enfant. Les choses se passèrent quelquefois ainsi entre Macé et M. Vauchez, entre deux hommes qui, malgré les différences de leurs caractères, avaient pourtant les mêmes sentiments de dévotion à la cause de l'instruction, et dont la postérité unira les noms dans sa reconnaissance.

Malgré le concours d'amis dévoués, malgré les circonstances heureuses qui l'ont favorisé dans l'accomplissement de son rêve, Macé n'a pas triomphé sans peine des résistances que lui opposait l'esprit du passé. Nous nous inclinons avec sympathie et respect devant la Ligue victorieuse et parvenue à ses fins. Mais combien plus admirable encore était-elle aux jours d'épreuve, alors qu'il fallait lutter contre le mauvais vouloir des puissants du jour, et que, fondée quatre ans avant la chute de l'Empire, elle était comme l'aube de la République ! Aujourd'hui qu'un gouvernement démocratique seconde l'éclosion des associations scolaires, il nous est malaisé de nous représenter les obstacles que rencontrait, en 1866, un bon citoyen qui voulait penser et agir librement. Tout ce qui pouvait contribuer à la propagation des idées était vu avec défiance. Macé savait bien qu'il préparait la République; et, de fait, il n'est jamais entré dans la Ligue que des républicains ou des hommes de progrès, — ce qui est tout un. — Mais il se gardait bien de l'avouer. Il multipliait les déclarations rassurantes. Dans son premier manifeste, il disait que « la Ligue ne servirait les intérêts particuliers d'aucune opinion politique ou religieuse ». Il répétait sans cesse qu' « il n'y avait rien dans son entreprise qui pût porter ombrage à qui que ce soit ». Il avait beau faire et se couvrir du masque que lui imposait la rigueur des temps : le clergé s'émut et lui déclara la guerre. Il s'y attendait: « Je sais bien, disait-il, où sera l'ennemi (1)... » Le pouvoir civil (2) se montra en effet moins hostile que l'autorité

---

(1) *L'Ennemi*, c'est le titre que Macé donna à une brochure éditée en 1883 ou 1884, où il avait réuni un certain nombre d'articles publiés dans la *Petite République française*.

(2) **Des amis de l'Empire adhérèrent à la Ligue. Signalons, par exemple Sainte-Beuve. De la part du délicat sceptique, cet acte vaut mieux que la meilleure des *Causeries du lundi*.**

religieuse. Quand Vacca institua le cercle messin, le préfet autorisa, l'Évêque excommunia. Sermons des curés, mandements épiscopaux, injures et calomnies, rien ne fut épargné au courageux pionnier de l'instruction du peuple. Qui donc, de tous ceux qui, sous une forme ou sous une autre, ont voulu travailler à l'émancipation intellectuelle de la nation, même dans des temps plus récents, n'a connu et expérimenté par lui-même ces colères et ces haines heureusement impuissantes? Avant que la Ligue commençât à faire parler d'elle, déjà le clergé avait tonné contre les bibliothèques communales. Le curé de Kientzheim s'emportait en chaire jusqu'à appeler Macé « un assassin d'âmes ». Et comme un de ses paroissiens, ému et indigné, lui faisait observer que les bibliothèques communales ne contenaient que de bons livres : « Oui, répondait-il, ceux-là, soit! Mais, après ceux-là, ils en liront d'autres... » — « Oui, Monsieur le curé, écrivait Macé, informé de l'incident, ils en liront d'autres !..»

L'histoire de la Ligue, dans ses vicissitudes, est intimement liée à celle des progrès, ou des moments d'arrêt, de la République elle-même. C'est après le 24 mai 1873 et le 16 mai 1877 que la Ligue a été le plus combattue, le plus en butte aux tracasseries du pouvoir. C'est que, devenue une puissance par le nombre de ses adhérents, elle inquiétait les gouvernements rétrogrades. On défendait aux instituteurs de rien accepter de la Ligue. On les menaçait de peines disciplinaires, pour avoir obtenu le prix de cent francs que la Ligue accordait à ceux dont l'école avait été la plus fréquentée, c'est-à-dire à ceux qui avaient le mieux fait leur devoir. Certains préfets, pour faire du zèle, fermaient et dispersaient les cercles locaux, qui maintenant ne dissimulaient plus leur opinion, et qui s'intitulaient fièrement « Sociétés républicaines d'éducation ». Et du milieu de ces tempêtes passagères sortait, toujours confiante et courageuse, la voix claire de Macé, sonnant le ralliement et appelant la Ligue à de nouveaux travaux et à une nouvelle victoire.

La victoire de la Ligue est aujourd'hui définitive, et longtemps avant de mourir, Macé a pu assister au triomphe de ses idées. Après les jours sombres de l'Empire, après les heures difficiles du 24 et du 16 mai, il a vu son œuvre acclamée, autant qu'elle avait été vilipendée. Le premier succès décisif, ce fut le pétitionnement de 1871-1872, qui suivit de près la proclamation de la République. A ce *Mouvement national du sou contre l'ignorance*, — chaque signataire devait verser un sou, — adhérèrent 1 267 267 citoyens (1). Il est d'ailleurs à remarquer que la Ligue, dans son appel, avait divisé et sérié les questions : les uns, parmi les pétitionnaires, demandaient l'instruction obligatoire seulement ; d'autres l'instruction obligatoire et gratuite ; d'autres enfin l'instruction obligatoire, gratuite et laïque. Mais si le nombre des signataires qui acceptaient la formule complète n'était guère que de 400 000, c'était une armée de 1 200 000 citoyens qui réclamaient l'instruction obligatoire tout au moins. Jamais pétition n'avait obtenu un semblable succès. Lorsque Macé,

(1) En tenant compte de la pétition signée à Strasbourg, avant la guerre, et qui avait recueilli 350 000 signatures.

accompagné par M. Vauchez, — ou, pour dire la vérité, encouragé et conduit par lui, — fit le premier dépôt de ces pétitions à l'Assemblée nationale de Versailles, il était suivi d'un camion qui portait deux cents kilogrammes de papier. On peut bien dire que, ce jour-là, c'est la volonté du peuple souverain qui accompagnait Macé, que c'était l'école obligatoire qui forçait les portes du Parlement et qui s'installait en maîtresse dans la République. Il est vrai que le Parlement ne céda point tout de suite. La commission chargée d'examiner les pétitions, et que présidait Dupanloup, se contenta de conclure à « l'obligation morale » : ce qui était une dérision. N'importe, la cause était gagnée.

On ne l'a peut-être pas dit assez hautement, dans les débats parlementaires qui précédèrent le vote des lois du 16 juin 1881 et du 28 mars 1882 : c'est à Macé que la France est en grande partie redevable du nouveau régime légal de l'enseignement primaire. Il n'est pas douteux, d'une part, que sans l'initiative de Macé la Ligue de l'enseignement n'aurait pas existé ; et que, d'autre part, sans la Ligue, le mouvement d'opinion d'où est sortie la législation scolaire de la République ne se serait pas développé avec la même rapidité et la même force. « Ces lois, disait-il, sont bien un peu des lois à nous ! » C'est ce que Jules Ferry voulait bien reconnaître, lorsque, le 31 mai 1879, alors Ministre de l'Instruction publique, en réponse à une adresse du cercle parisien, il remerciait Macé en ces termes : « Dans la lutte engagée par la société française contre une faction que vous caractérisez à merveille, en disant qu' « elle n'invoque la liberté que pour édifier la servitude », je suis heureux de me sentir appuyé par l'opinion publique dont l'adresse du cercle parisien est pour moi une précieuse manifestation. »

Macé pouvait se tenir pour satisfait, lorsque le gouvernement eût fait siennes les idées qu'il prêchait depuis vingt ans. Mais il a eu d'autres récompenses que celle de la consécration légale de son programme, quoique celle-là fût la plus grande. Ce fut un beau jour pour lui, bien qu'il n'aimât guère les pompes officielles, que celui du 21 avril 1881, lorsque, au Trocadéro, devant une assemblée imposante, Gambetta vint clôturer le premier congrès de la Ligue, qui venait enfin d'obtenir la déclaration d'utilité publique (1). Macé rappela, en termes touchants, les lointaines et humbles origines, la marche ascendante d'année en année. Il donna un souvenir ému à Beblenheim, « qu'on n'a pas pu rayer de la carte de la Ligue, s'il a disparu de la carte de la France ». Il insista de nouveau sur le caractère de la Ligue qui devait rester étrangère aux compétitions des partis, tout en déployant largement le drapeau de la République. Et reprenant ses formules favorites, il disait : « Nous voulons faire, non des élections, mais des électeurs; nous voulons faire penser ceux qui ne

(1) La Ligue sous son titre définitif de « Ligue française de l'enseignement », n'a été constituée qu'en 1881, au congrès de Paris où se réunirent plus de trois cents délégués. Les discussions furent vives; elles durèrent quatre jours, les 18, 19, 20 et 21 avril. Finalement, l'assemblée à une grande majorité vota des statuts dont le premier article était ainsi conçu : « La Ligue de l'enseignement fondée par Jean Macé s'organisera en fédération sous le nom de Ligue française de l'enseignement. » Dès le premier jour, soixante-quatre sociétés adhérèrent. (Voyez l'ouvrage de M. A. Dessoye, *Jean Macé*, etc., p. 216 et suivantes.)

pensent pas, faire agir ceux qui n'agissent pas. » Gambetta, président d'honneur de la séance, trouva, pour célébrer Macé et son œuvre, ses accents les plus vibrants. Il félicita la Ligue « de ne pas s'exposer au soupçon de n'être, en un endroit ou un autre, qu'une entreprise électorale, destinée à servir des ambitions personnelles et des coteries particulières ». Et il ajoutait : « Aussi longtemps que l'on saura que c'est vous, monsieur Macé, qui gardez sur la Ligue cette sorte d'hégémonie morale que vous assurent votre passé et vos vertus, l'ombre d'un pareil soupçon ne pourra vous effleurer, ni atteindre aucun de vos collaborateurs... » C'était bien comprendre avec quel désintéressement, avec quelle hauteur de vues, Macé et la Ligue avec lui s'étaient consacrés, sans arrière-pensée d'ambition personnelle, à l'épanouissement de l'éducation nationale.

V

Jean Macé n'aura pas longtemps attendu de la reconnaissance de ses concitoyens les hommages qui lui étaient bien dus. Déjà, ses funérailles, bien qu'elles eussent lieu loin de Paris, à Monthiers, là où dormaient avant lui, dans leurs tombes, Mme Macé et Melle Vérenet, avaient été l'occasion d'une manifestation éclatante des regrets publics. Des voix éloquentes y dirent la gloire de Macé. Et surtout, par leur présence attristée, ses admirateurs et ses amis, en long cortège, lui avaient fait la plus belle des oraisons funèbres. Parmi ceux qui l'accompagnaient à sa dernière demeure, à côté de tant d'autres fils intellectuels, c'était une chose touchante de retrouver Antoine Mamy, un des fidèles de la première heure, un des trois souscripteurs de 1866.

Six ans après sa mort, le 13 juillet 1900, un monument a été érigé à la mémoire de Macé, à Paris, sur la place Armand-Carrel. La cérémonie d'inauguration fut des plus émouvantes. Des jeunes filles du pensionnat du Petit-Château vinrent jeter des fleurs au pied du buste de leur professeur. Des milliers d'enfants, filles et garçons, défilèrent devant l'image d'un des fondateurs de l'école républicaine.

Mais ce n'est pas seulement par un buste, ou

par des obsèques solennelles, que nous voudrions voir honorée la mémoire de Macé. Aux États-Unis, où le culte des bienfaiteurs de l'humanité est autrement en honneur que chez nous, on aurait certainement établi un jour de fête scolaire, un « jour de Jean Macé ». En France, nous oublions vite (1). Combien d'années faudra-t-il, après des siècles, pour que Jeanne d'Arc obtienne du Parlement la fête nationale demandée pour elle? Et combien de héros et de héroïnes du devoir n'en obtiendront jamais? Nous souhaiterions qu'il en fût autrement pour Macé. Nous voudrions qu'il y eût un jour par an où, dans toutes les écoles, la France républicaine s'inclinerait devant le souvenir d'un de ses meilleurs serviteurs.

Dans ce jour consacré à la glorification de l'école laïque, les enfants et les adolescents, dans les villes et dans les villages, apprendraient à connaître le nom de l'homme de bien qui a usé sa vie à leur préparer l'instruction dont ils bénéficient aujourd'hui. L'instituteur, ou bien quelqu'un des amis dévoués qui maintenant entourent l'école de leur sollicitude, prendrait la parole, devant l'enfance et la jeunesse assemblée, pour raconter l'existence du maître et exposer son œuvre.

L'instituteur, sans négliger de rappeler ce qu'on doit à tous ceux qui ont contribué à faire l'école ce qu'elle est, — depuis les hommes de la Révolution jusqu'aux Jules Ferry et aux Paul Bert, pour ne

(1) On a bien le droit de dire que la France ne sait pas suffisamment faire valoir les mérites de ses enfants, si l'on constate, par exemple, que la mort de Macé n'a même pas été mentionnée dans la *Revue Pédagogique*.

parler que des morts, — l'instituteur n'aurait pas de
peine à montrer à ses élèves quelle part considérable revient à Macé dans l'œuvre commune. Il
leur dirait son apostolat, ses courses à travers la
France, alors qu'il allait de ville en ville, prêchant
sa foi, sans mandat officiel, mû par la seule impulsion généreuse de ses sentiments. Il leur raconte-
rait ses épreuves, ses succès ; il leur apprendrait
à l'aimer, à le vénérer, comme un des ouvriers
qui ont jeté les fondements de l'édifice, et qu'on ne
doit pas oublier maintenant que la maison est
bâtie.

Aux adolescents, il montrerait que Macé a pensé
à eux, non moins qu'aux enfants : que ce sont ses
disciples qui, dans ces dernières années, ont semé
sur tout le territoire les cours d'adultes, les conférences populaires. Dès le premier jour l'instruction
des adultes a été inscrite dans le programme de
Macé ; et si aujourd'hui, dans les bourgs et dans
les villages, s'allume chaque soir, pour des veillées
studieuses, la lampe de la salle d'école qui aspire
à faire pâlir le bec de gaz ou le quinquet fumeux
du cabaret, c'est en partie à Macé qu'on en est
redevable. Il n'a pas seulement édifié l'école des
enfants : il a travaillé pour l'école des citoyens.

Et se tournant vers les filles et les fillettes, — il
y en aurait dans l'auditoire, — le conférencier que
nous rêvons leur dirait que Macé ne les a pas
oubliées, elles non plus ; qu'il n'a pas été toute sa
vie un professeur de demoiselles pour négliger le
souci de l'éducation féminine ; qu'il a fait appel
aux femmes ; qu'il y a eu de bonne heure dans la
Ligue des comités de dames ; qu'enfin, s'il a élevé

lui-même de riches petites bourgeoises, il a souhaité et préparé l'instruction de toutes les filles du peuple.

Mais c'est surtout aux hommes de bonne volonté qui forment la légion des volontaires de l'enseignement que l'on pourrait utilement rappeler, dans une commémoration annuelle, les belles leçons que nous a léguées la vie de Macé. Il pourra toujours servir d'exemple, dans les époques de réaction et de despotisme, si elles devaient jamais revenir, aux citoyens qui ne consentent pas à s'abandonner, qui ne se résignent pas à l'inaction, ni ne se jettent dans une opposition violente et stérile ; qui pensent qu'il y a autre chose à faire, comme il le disait, qu'à « taquiner M. le Préfet », et qu'il est toujours possible de servir la cause de la liberté et de préparer à son pays un meilleur lendemain.

Dans un grand nombre de villes, à l'est et à l'ouest, au nord et au midi, vivent encore des personnes qui ont assisté à une ou à plusieurs des innombrables conférences que Macé, dans ses campagnes de propagande, a jetées à tous les vents (1). Où ne l'a-t-on pas entendu ? Si la fête de Macé était établie, pourquoi un de ses auditeurs

---

(1) En 1878, Macé a visité Dôle, Lons-le-Saulnier, Champagnolle, Poligny. Pontarlier, Chalon, Épinal, Vesoul, Montbéliard, Besançon, Saint-Claude, Reims, Dannemarie, Athis-Mons, Corbie, Troyes, Melun, Nantes, Saint-Nazaire, Savenay, Pontivy, Vannes, Saint-Brieuc, Rennes, et nous en oublions. Presque partout il y a fait des conférences et fondé un comité, une société républicaine d'enseignement. L'année suivante, nous trouvons le voyageur infatigable dans vingt villes : Montereau, Mâcon, Dijon, Besançon, Orléans, Blois, Tours, Le Mans, Chartres, Dreux, Avranches, Granville, Argentan. etc. En 1880, nouvelle campagne : il évangélise le Nord, et, à la fin de l'année, Nancy, Toul, Bar-le-Duc, Commercy, Dormans.

d'autrefois ne serait-il pas prié de réveiller ses propres souvenirs, et de parler de Macé conférencier? On le représenterait tel qu'il était, causeur plus qu'orateur, familier et simple, parfois bourru, ne cherchant pas à se concilier ses auditoires par des paroles flatteuses, mais persuasif et pénétrant, « vif, enjoué, dit M. Dessoye, trouvant sans cesse, à côté des accents qui remuent les âmes, la phrase ingénieuse et le mot qui se gravent dans l'esprit ». Par-dessus tout, dans ses discours comme dans ses écrits, son style était clair comme sa pensée, et il méritait que Gambetta louât sa parole « si ferme, si spirituelle, si française ».

Aujourd'hui que les pages choisies sont à la mode, on trouverait matière à des conférences qui ne manqueraient pas d'intérêt, rien qu'en prenant la peine de faire quelques extraits de ses livres. Que de citations agréables et instructives ne pourrait-on pas emprunter à la *Bouchée de pain*, dans les passages du livre où Macé moralise? — « Il y a quelque chose de la nourrice, mon enfant, dans ceux qui prennent le plus pur de leur intelligence et de leur cœur, et qui le transforment, pour ainsi dire, en lait, afin de donner à votre âme naissante une nourriture qu'elle puisse digérer sans trop d'efforts... » — Et ailleurs : « Nous sommes tous sur la terre pour penser les uns aux autres, et en m'efforçant de faire descendre la lumière dans votre intelligence et les bons sentiments dans votre cœur, je pense aussi à ceux auxquels vous rendrez plus tard le même service, si j'ai le bonheur de réussir avec vous. Il faudra le faire, n'est-ce pas? Vous tiendrez à compter un jour parmi ceux-là qui ne vivent pas seulement pour eux-mêmes et donnent quelque chose au monde, en le traversant... »

Veut-on un extrait plus long, et qu'on pourrait intituler la *Philosophie de la Ligue?* « Si la répartition plus équitable entre tous les membres de la famille humaine du trésor de connaissances, notre patrimoine commun, est posée comme une œuvre de justice sociale et de fraternité, elle devient par cela même une œuvre éminemment religieuse, dans le sens pratique et universel du mot. Les religions ont leur dogme, leur culte, leur sacerdoce, par lesquels elles diffèrent, et au nom desquels elles se combattent : mais, au fond de l'enseignement de toutes, se retrouve la loi du sacrifice volontaire aux idées de justice et de fraternité humaine. Cette loi, catholiques, protestants, juifs, mahométans, la reconnaissent également. C'est pour tous un commandement divin dans lequel ils peuvent communier, et ceux-là mêmes qui, ne voulant ni dogmes, ni culte, ni sacerdoce, se font un point d'honneur de renier le mot de religion, ceux-là acceptent comme les autres le commandement divin de toutes les religions. Je ne sais pas d'école au soleil qui l'ait rayé de son programme. Quelle que soit l'épithète qu'ils lui aient trouvée, la sanction qu'ils lui conçoivent, ils peuvent se donner la main les uns avec les autres, quand ils viennent lui rendre l'hommage véritable, celui de la pratique; et je les crois alors plus religieux, ne leur en déplaise, que ceux qui l'enveloppent de formules sacrées, pour la fouler ensuite aux pieds par leurs actes. C'est l'acte en effet qui fait l'homme religieux, ce n'est pas la formule, c'est l'obéissance à la loi du devoir, et non pas sa conception métaphysique, et la controverse ne peut pas suivre ceux qui montent ensemble, du même cœur, à l'accomplissement du devoir universel d'amour et de justice (1)... »

Ce sont là de belles paroles, qui montrent avec quelle hauteur d'esprit philosophique Macé concevait la tolérance mutuelle des opinions, et rêvait de les réconcilier toutes dans un même sentiment de dévouement à l'humanité. La Ligue, tant qu'elle s'inspirera des intentions de Macé, ne se départira pas, — et elle ne s'est pas départie jusqu'ici, — de cette ligne de conduite. Cette année encore, dans la campagne de conférences qu'elle a si brillamment organisée en province, ses orateurs n'ont pas arboré d'autre drapeau que celui de la lutte contre l'ignorance et contre l'intolérance. Macé n'a jamais songé à imposer un, *credo*, à emprisonner les adhérents de la Ligue dans une formule obligatoire. Assurément, quand des hommes de progrès comme lui demandent que l'on respecte la liberté des opinions, il n'est pas douteux qu'au fond, dans leur propre foi à la vérité, ils comptent bien que les esprits éclairés, affranchis, livrés à eux-mêmes, sous l'action de la science, s'uniront à eux dans les mêmes croyances et aboutiront aux mêmes conclusions. Mais ils veulent que ce soit par la seule force du raisonnement et de la réflexion personnelle. Quant à eux, ils se contentent d'ouvrir, de libérer les intelligences. Ainsi marche la vraie liberté. Elle enseigne,

____

(1) Cette déclaration de principes date du 15 février 1870. Macé l'a reproduite dans son *Discours* du Trocadéro, le 30 Mars 1883.

elle instruit, et elle laisse à la science qu'elle distribue le soin de former la conscience.

Macé était le plus indépendant des hommes, et réclamait pour lui-même la liberté qu'il respectait chez les autres. Il n'était pas homme à s'embrigader dans un groupe, dans un parti politique, sans garder son franc parler. Il le montrait en 1894, lorsqu'il refusait de marcher avec ses amis dans les questions de politique coloniale. Il l'avait prouvé dès 1848, lorsqu'il exprimait tout haut ses inquiétudes sur l'avenir immédiat du suffrage universel et ne s'associait qu'avec des restrictions à l'enthousiasme des républicains.

Il a eu de nobles ambitions pour son pays et pour l'humanité entière. Il rêvait qu'un jour viendrait où l'ouvrier, le cultivateur, assis le soir sur le seuil de sa maison, après le travail de la journée, pourrait causer avec ses voisins de toutes les conquêtes de l'esprit humain, de toutes les révélations de la science. Mais c'est à la France surtout qu'appartenait son cœur. « C'est la France, disait-il, que nous enseignons à la Ligue ». Depuis 1870, il souffrait de la voir démembrée, mutilée. Avant 1870, il souffrait de sa servitude, et il se sentait humilié en constatant qu'elle n'occupait, au point de vue de l'instruction, que le douzième rang parmi les nations civilisées.

S'il lui avait été donné de commencer plus tôt son œuvre d'émancipation du suffrage universel, peut-être le cours des événements en eût-il été modifié. « La Ligue, disait-il, en 1881, envahit pacifiquement la France. » Ah! si cette invasion de l'instruction populaire eût été possible vingt ans auparavant, peut-être eût-elle épargné à la France les folies de l'Empire et l'invasion de l'étranger ; et Beblenheim serait resté français !

Il n'arrive pas toujours que les esprits ardents et hardis, prompts à l'initiative, joignent à la fougue de leur tempérament novateur les qualités de la modération et de la prudence. Macé, par une heureuse fortune, a su être à la fois le plus entreprenant et le plus modéré des hommes. Ce sont des paroles de sagesse qu'il adressait, par exemple, en 1884, au cercle pédagogique de Nantes, et qui sont bonnes à répéter aux instituteurs de 1902 : « Ne faites pas de polémique, ni politique, ni religieuse. » Il pensait justement que, pour acheminer doucement les âmes des enfants à la foi républicaine, il n'était pas nécessaire de faire violemment le procès des opinions arriérées et des croyances superstitieuses, et qu'il suffit d'éclairer les intelligences pour qu'elles montent d'elles-mêmes vers la vérité politique et vers la vérité religieuse. D'une part, il leur disait : « Développez devant vos élèves la grande idée de la patrie, l'amour et l'honneur du drapeau, symbole de la France; et vos élèves aimeront la République. » Et d'autre part, il ajoutait : « Montrez-leur les miracles de la science, et vous les guérirez de leur crédulité, en leur apprenant à se servir de leur raison, à ouvrir les yeux, à regarder et à voir : le reste viendra par surcroît tout seul. »

Macé n'est pas un agitateur, un révolutionnaire, qui se perd dans les déclamations vaines; c'est un organisateur pratique, un homme de bon sens qui a marqué son passage par des œuvres positives. C'est aussi un entraîneur, qui a secoué les esprits : « Les âmes dormantes et les eaux qui croupissent, écrivait-il, sont également du domaine de la salubrité publique ». Et il n'est que juste de lui appliquer en partie la définition qu'il donne de l'homme vraiment utile à son pays : « Celui qui a fourni sa part, si petite qu'elle soit, à la vie commune de l'humanité, celui qui a enrichi d'une découverte, d'un procédé utile, d'un bon exemple, d'une idée juste, le patrimoine universel que les hommes se passent de génération en génération, celui qui a mis la main au triomphe d'une vérité, frappé sur une injustice, éteint une haine, allumé dans une âme le feu sacré de l'étude et de l'honneur... » N'est-il pas vrai que Macé a conformé ses actes à ce beau programme, et qu'à chaque page de ses écrits, comme à tous les moments de sa vie, on a envie de s'écrier : « Ah! le brave homme et le bon citoyen ! »

FIN

BIBLIOGRAPHIE

Liste des principaux ouvrages de Jean Macé, publiés pour la plupart chez Hetzel :

Lettres d'un garde national à son voisin, 1848. — *Les vertus du républicain, Entretiens de Jean Moreau, Petit catéchisme républicain*, sous le pseudonyme de Jean Moreau, 1849. — *Histoire des 45 centimes*, 1851. — *Histoire d'une bouchée de pain, Lettres à une petite fille sur la vie de l'homme et des animaux.* Paris, 1861. — *Le théâtre du Petit-Château*, 1861. — *Les contes du Petit-Château*, 1862. — *L'arithmétique du grand-papa*, ou l'*Histoire de deux petits marchands de pommes.* — *Les serviteurs de l'estomac, pour faire suite à l'Histoire d'une bouchée de pain*, 1866. — *Morale en action; mouvement de propagande intellectuelle en Alsace*, 1865. — *Le génie et la petite ville*, 1868. — *Le premier livre du petit enfant*, 1869. — *Une carte de France pour les enfants; le Gulf-Stream*, 1869. — *L'anniversaire de Waterloo*, 1869. — *Lettres d'un paysan d'Alsace à un sénateur sur l'instruction obligatoire*, 1870. — *Les idées de Jean-François*, sept brochures publiées de 1872 à 1873, Paris, Vauchez : I. *La séparation de l'église et de l'école*; II. *La demi-instruction*; III. *La soutane de l'abbé Junqua*; IV. *La vérité du suffrage universel*: V. *Les députés dans l'embarras*; VI. *Le mal sans remède, La Sainte-Alliance*: VII. *Jacques Bonhomme à ses députés, La France à Jacques Bonhomme.* — *La grammaire de Mademoiselle Lili*, 1875. — *La France avant les Francs*, 1881. — *Les origines de la Ligue de l'enseignement (1861-1870)*, un volume de 690 pages, Paris, Charpentier, 1891. — *Philosophie de poche*, suivie de *Le grand savant*, 1893. — *Les soirées de tante Rosy*, 1894. — Un grand nombre d'articles parus dans le

Magasin d'éducation et de récréation. — Le *Bulletin de la Ligue de l'enseignement*, où ont été publiés les discours de Macé aux congrès annuels de la Ligue, etc.

Biographie de Jean Macé.

Dessoye (A), *Jean Macé et la fondation de la Ligue de l'enseignement*, un volume de 287 pages, Marpon et Flammarion, Paris, 1883. — *Inauguration du monument élevé à la mémoire de Jean Macé*, une brochure de 31 pages, Paris, Boullay, 1900.

TABLE ET SOMMAIRE

5397-02. — Corbeil. Imprimerie Éd. Crété.

5397-02. — CORBEIL. Imprimerie Ed. CRÉTÉ.